LES
ORIGINES D'ARRAS

ET DE

SES INSTITUTIONS

PAR

A. GUESNON

ARRAS-VILLE

II

ARRAS

Imp. Rohard-Courtin, F. Guyot, Succ'.

—

1896

HÔTEL DE SÉCHELLES

ORIGINES D'ARRAS

ET DE

SES INSTITUTIONS

PAR

A. GUESNON

ARRAS-VILLE

II

LE POUVOIR DE RONVILLE

ET LE VÉRITABLE

HÔTEL DE SÉCHELLES

ARRAS

Imp. Rohard-Courtin, F. Guyot, Succr.

1896

LE VÉRITABLE

HÔTEL DE SÉCHELLES

CHEF-LIEU DE LA SEIGNEURIE DE RONVILLE

ᴸᴱˢ plus anciens documents que l'on possède sur la topo-graphie d'Arras nous montrent la Ville et la Cité, ainsi que leur banlieue respective, fractionnées en circonscriptions judiciaires, administratives ou fiscales, de nature et d'étendue diverses.

Châtellenies et mairies féodales, sergenteries héréditaires ou personnelles, seigneuries et simples fiefs, on les confondait dans le langage courant sous la dénomination générale de « pouvoirs » — *potestas, justicia, districtus*.

Nous trouvons en Cité la châtellenie, la mairie de Galeurue, la tenure du « Maistre escole », Baudimont vieux ou le pouvoir des Maus, Baudimont neuf ou le pouvoir Maître Adam de Vimy, Bourriane ou le pouvoir de la Cuisinette.

La Ville était partagée entre le châtelain du comte et l'abbaye.

Celle-ci avait dans son lot les sergenteries de l'Estrée, de

la Craonerie et du Grand Jardin, les fiefs des Nocquets et
de Grauwechon (1), du Bloc ou de l'Etoile (2), du Pré, de

(1) Grauechon (1260) — Grauwechon (XIIIᵉ-XVᵉ s.) — Grochon
(XVᵉ-XVIIIᵉ s)., transfiguré en Gros-Chône (Arch. comm. *Reg. aux
rentes et locat.* 1767), puis en Gros-Frêne (Ibid. *Compte de l'argentier* 1765-66. Rentes for. 16ᵘ), l'origine de ce nom de la rue actuelle
des Agaches reste toujours énigmatique.

En attendant une solution, les indications suivantes peuvent mettre
sur la voie ou signaler une fausse piste :

« Ad Sambram sicut fluit aqua de Gorgechon (Arch. du Nord,
Cart. de Vaucelles fᵒ 28, 1165).

« Nullam decimam apud Bernevillam vel apud Gorgechun reci-
piet » (*Cart. de St-Vaast*, Codex, xIIᵉ s., nᵒ 59, 1181).

« Le rieu de Grouchon et Maurieu » à Amiens (A. Thierry, *Tiers-
état*, II, p. 250-251).

Acquisition de l'abbaye de Vicogne « au camp Trauwechon ».
(Bibl. nat. *Moreau.* Ch. 1266).

« Bail des « orbages et pastures du Maréchon », portion du Frais-
Marais près de Raches (Arch. de Douai, DD, 88, 1404).

Comp. les noms *Pierechon, Collechon, Huchon*, etc.

Le dialecte du nord a « grauwet », crochet, d'où peut-être
« grauwechon » petit crochet — « Sen milleur andier, sen milleur
keminiel, sen milleur grauwet. » (Roisin, *Cout. de Lille*, p. 157) —
Yceux rosiaus saquent à grauez de fer (Arch. du Nord, *Recette de
Béthune*, Toussᵗ, 1379).

Les « grauwés » servaient d'enseigne : « It. super domum as
Grauwés in vico dou Riez. » — Ibid. *Collég. de Ste-Croix*, Compte
de 1350) — Une rue d'Arras portait ce nom : « Maison Jeh. le Car-
pentier faisant toucquet de le rue des Grauwés en Haizerue. (Arch.
comm. *Embr.* 1400, fᵒ 115 vᵒ)— Cf. « In viculo *del Crochet* — Vicu-
lus *Crochez* de parrochia Sancte Crucis » — (Guiman,*Cartul.*, p. 227).

Le même dialecte a « groches » (pour « grosses », « groisses »)
scories de fer des maréchalleries : « Que aucuns ne jete groises,
cendrées, escumes de fèvre, tieullaux, croin, tierées, en le rue du
Tonnelet. » (Arch. comm. de Lille, *Reg. aux bans*, 1406. » — « La
place de la barre St-Brice trop encombrée de fiens et de groisses. » —
(Vandenbroeck, *Reg. des Consaux.* Tournai, 1861, t. I, p. 24, 1422).

L'acte original d'une donation de 1279 mentionne précisément en

l'Aubel ; de plus elle possédait dans la « grande comté » les

Grauwechon, près de l'hôpital St-Jacques qui en faisait « le toucquet »
la forge de *Magistri Willelmi Marescalli* citée dans le Congé de
Baude Fastoul :

> Maistre Willaume le Marescal
> Ki bien set ferer un ceval.

> (Barbazan et Méon, *Fabl.*, I, p. 134, v. 692).

Malheureusement, l'orthographe ruine cette analogie purement
phonétique, et la solution vraie reste toujours à trouver.

Le nom actuel de la rue lui vient d'un cabaret portant pour enseigne en 1439 *Le Ny d'Agaches* (Nid de pies) (*Embr.* 11 oct.) : c'est
l'article 1543 du plan de Beffara, aujourd'hui la maison n° 6. Elle
porta aussi le nom de rue du Croissant, enseigne de la deuxième
maison sur l'autre rang, coin de la rue St-Aubert.

(2) Enseigne du siège de la justice de Bouin, et chef-lieu du pouvoir, l'une et l'autre appartenant aux Mailly, seigneurs du Rossignol,
dès avant 1356 (*Embr.*, A. Vignon), à Jean, dit *Payen* de Mailly, en
1382, et à ses descendants seigneurs de Humbercourt. — Voir l'emplacement au plan de Desailly (1704), rue de Méaulens, près de la
porte, n°ˢ 84-85, avec le four banal sur l'autre rang, n°ˢ 89-90 du plan.

D. Le Pez a transcrit le dénombrement suivant, servi à St-Vaast
au XIV° siècle : « Messire Payen de Mailly, homme liges de l'Eglise
St-Vaast d'Arras. Son fief est : premiers, le maison de le justice de
Bouin et se tour, qui siet d'à lès le porte de Méaulens, et le pouoir
de Bouin, si avant qu'il s'estent, appendant à la justice, c'est assa-
voir : puis l'ospital seigneur Jehan Achariot à l'arestière de le maison Soale du Bure, tenant à le maison de le Clef, en allant tout aval
desci à le ruelle du Pré, et le moitié de le ruelle du Pré desci au
pont qui est devant le maison Willaume des Angelles, qui fu ; et
arrière, puis la ruelle du Pré, suivant tout le ruyot du fons de le
cauchie dessous le porte de Méaulens, desci devant le Torte-cambe,
à l'encontre du pouoir des eschevins de dehors le porte de Méaulens,
et, tournant par devant la Vigne d'Or et par devant l'Etendart, toute
le terre desci as arbres Burriane ; item, le ruelle du Tonnelet ; item,
le rue du Bloc ; item, le rue de l'Ierre, tout parmi le place des Fou-
lons, desci à la moitié du four de l'Ierre ; item, la rue des Souffletz
et toutes les ruelles quy aboutent à la rue St-Morisse ; item, la moitié de le ruelle dame Colle Moufflette, au lez devant la maison, desci

pouvoirs isolés de l'Echiquier et du Faucon, et dans la « petite comté », ceux des Marteaux et de la rue du Colimoge (1) ou du Mouton-d'Or, sans parler de ses fours et de ses moulins intra-muros.

Le « baston du chastelain couroit » sur tout le reste, à l'exception des seigneuries de Chaulnes et de Ronville. J'ai parlé de la première à propos de l'Estrée (2) ; c'est de la seconde qu'il s'agit dans cette notice.

Le sujet n'est pas absolument neuf. Outre que *les Rues*

au pont St-Vaast, en venant trestoute le rue de Sauti, en prenant desci as murs de l'Ostellerie St-Vaast, tout partout là où on peut faire claim à pié sec en venant tout desci en le rue de Noef-Eglise et desci as Placettes, et desci à la maison Regnault do Hennin ; et *toutes les autres choses et tous les droits, closement et entièrement, tout en le fourme et en le manière que Tasse de Bouin, qui fu se mère, les tenoit ou temps qu'elle vivoit* ». — *Bibl. d'Arras*, Ms. 376.

Possédé en 1398 par Pierre de Mailly, il était, en 1405, aux mains de Regnault de Mailly, et de Mme de Louseignol. En 1411, Colart de Mailly releva le fief comme bail de sa femme, héritière de Regnault de Mailly, son frère (30 déc.).

(1) « Mémore que le xxiᵉ jour de septembre mil IIIIᶜ et cinq, Gilles du Bus présenta à Mess. Jaq. Cardon, Jeh. de Beaumés, Pierre de Herzelle, Martin de Lobelet et aultres, Vinchen de le Rive pour excersser office de sergent en le ruelle du Cok Limoge, comme soloit avoir Willaumes de Lambres par avant qu'il heut vendu audit Gille le maison du Mouton d'Or, lequel sergent fist serement comme le serement le contient. — Et pour ce qu'il fu parlé que ledit Willaumes avoit usé de forage au Cok Limoge, il fu dit audit Gille qu'il ne devoit point [avoir] ne aroit forage en le dite rue. » — Arch. comm. *Reg. mém.* IV, fᵒ 82, vᵒ.

Coq de Limoges, coq émaillé. « Ung nommé Toison d'Or apporta ung faisan rôti, que on nomme aultrement *colimoge*, moult jolliment jolli ». Vœu du faisan à Lille, 1453. — *Mém. de J. du Clercq*, t. II, p. 197. (Ed. Reiffenberg).

(2) *Mém. de l'Acad.* t. XXVI (1895). Tirage à part : *Les Origines d'Arras-Ville*, I., p. 43.

d'Arras (1) et *le Vieil Arras* (2) l'avaient déjà traité sommairement, M. Ad. de Cardevacque vient de lui consacrer un mémoire développé sous le titre : *L'Hôtel de Séchelles et son ancienne tourelle à Arras* (3).

Ce mémoire procède d'un dossier spécial formé au siècle dernier par le greffier de la Ville à l'occasion d'un procès ; il est conservé à part dans nos Archives communales sous la cote : *Pouvoir de Séchelles.*

A la reproduction des pièces qui le composent l'auteur du mémoire ajoute, d'une part, les transmissions de propriété fournies par un état des *Rentes foraines* en 1382 (4) et par la série des cueilloirs de St-Vaast; de l'autre, les transactions modernes relatives à l'hôtel de M. le député Tailliandier, objet spécial de la publication.

La première chose qui frappe dans cette reconstitution historique de la seigneurie de Séchelles, c'est que le nom même qu'elle porte y reste inexpliqué. Il ne paraîtra donc pas superflu de reprendre les choses d'un peu plus haut afin d'en retrouver, s'il se peut, le sens et l'origine.

D'après Guiman, la rue de Ronville, *vicus Rotunde ville* (5), formait de son temps, *un districtus* (6), autrement dit un

(1) T. II, p. 381.

(2) P. 464 et 729.

(3) *Mémoires de la Commission départ. des Monum. hist. du Pas-de-Calais*, t. I, Livr. IV, pp. 339-368.

(4) Publié dans les *Mém. de l'Académie*, t. XXXVIII sous un titre trop vague, et avec lacune du sixième tour de la paroisse St-Maurice, p. 415.

(5) Traduction purement phonétique d'un nom vulgaire sans aucune intention ni portée idéologique, comme on en voit tant d'exemples. A ce point de vue, le *Radonivilla* des titres de l'église Notre-Dame, offre une interprétation satisfaisante.

(6) « Furnus Walberti (debet) thesaurario XII d. et IIII capones. — Hi duo solidi dantur pro libertate furni, quia scilicet in illo districtu nullus præter eum debet esse furnus. » — Guiman, *Cart.*, p. 217.

pouvoir, avec son four banal, appelé *furnus Walberti* : or, ce *Walbertus* ou *Wabertus* ne serait autre que le maire de Ronville en 1170, *major de Rotunda villa* (1).

La rente due à l'abbaye pour la franchise du four, jointe aux autres droits fonciers qu'elle conservait dans ce pouvoir, semble indiquer qu'à l'origine il devait être tenu de St-Vaast.

Comment donc se fait-il qu'on le trouve ensuite dans la mouvance de la seigneurie de Saulty, et par conséquent tenu en arrière-fief du comte d'Artois, à cause de son château d'Avesnes ?

Il en est du fief de Ronville comme du pouvoir de Chaulnes, leur origine est inconnue et la mouvance reste une énigme ; on ne peut donc que poser la question.

Les premiers seigneurs de Saulty que l'on connaisse sont les Cauderon : Bauduin Cauderon qui dota la léproserie de Méaulens en 1167 (*alias* 1177), et ses descendants, les Mannessier, prénom resté dans la famille jusqu'au milieu du XIVᵉ siècle.

Entrée alors dans la maison des Beaussart, connétables héréditaires de Flandres, la seigneurie passa, vers 1398, dans celle des Meleun par le mariage de Béatrice de Beaussart avec Hugue de Meleun, sire d'Anthoing et d'Epinoy, comte de Gand, etc.

Nos renseignements sur les anciens propriétaires de l'arrière-fief d'Arras remontent beaucoup moins haut. On ne lui en connaît aucun avant Pierre, seigneur de Séchelles, chevalier picard, nommé gouverneur d'Arras par le roi lorsqu'il prit l'Artois dans sa main, de 1347 à 1349 (2). C'est

(1) « Obitus Emme uxoris Waberti majoris de Rotunda villa. » — Bibl. d'Arras, Ms 740, 28 mai.

(2) Rymer, *Fœdera*, t. III, 1ʳᵉ partie, p. 137-178. — J.-M. Richard, *Inv. sommaire du P.-de-C*, t. II, p. 57 ; 1ᵉʳ sept. 1348. — Demay, *Sceaux d'Artois*, nᵒ 1816.

Le procès-verbal de l' « Ostension » des biens de St-Vaast dressé de ce personnage que le pouvoir de Ronville a reçu le nom qu'il a toujours porté depuis : premier point laissé dans l'ombre, et qu'il importait d'éclaircir.

Les pièces plus ou moins tronquées du dossier communal ne nous édifient pas non plus très explicitement sur les limites de la circonscription, ni sur l'étendue de ses droits et redevances féodales ; on en trouve le détail complet dans un dénombrement inédit de 1572 (1).

Compris, d'un côté, entre les rues de St-Jean-Ronville, de Héronval et le rempart, ce pouvoir s'étendait, de l'autre, sur une partie du faubourg, englobant la rue St-Vincent jusqu'aux « barrettes » (2), la rue de la Croix et la rue Bosquet; et, rentrant en ville, il comprenait l'autre rang de la rue St-Jean, avec le côté gauche de la rue des Portes-Cochères jusqu'à la ruelle de St-Germain (aujourd'hui rue St-Hubert et réciproquement, par suite d'une transposition des plaques municipales) (3), ou, plus exactement, jusqu'au puits « devant la porte de Mᵉ Charles Cardevacque » (4).

en 1294, mentionne « la tenure de Secelles à Daienville ». — *Cart. de Guiman*, Ms. des Arch. départ., pièce 317, fᵒ 263 rᵒ.

Sur la seigneurie de Séchelles en Picardie, voir le P. Anselme, t. VII. — Maison de Poix.

(1) Voir le texte à la fin de cette notice.

(2) De ce côté d'Arras, les approches de la place étaient fermées la nuit par des barrières.

(3) La transposition remonte au plan de Beffara ; mais son répertoire rectifie l'erreur du calligraphe.

(4) Mᵉ Charles, avocat, le véritable auteur de la haute fortune de cette honorable famille issue de notre bourgeoisie industrielle, venait d'acheter la maison qui fait le fond de la place des Etats, jadis place l'Avoué, puis place Miauwe, qu'on appela ensuite place Cardevacque, mais seulement après cette acquisition.

Le *Catalogue de l'Exposition rétrospective* (1896) enregistre donc, sous le nᵒ 248, un anachronisme d'environ cent ans, au sujet d'un soi-disant portrait du bisaïeul de Mᵉ Charles « *recevant ses tenanciers dans sa maison de la place de Cardevacque.* »

Les ascendants directs de Mᵉ Charles, Huart, Guillaume et Ma-

Outre la sergentise et sa part de casuel dans certains frais de justice et exploits de la châtellenie et de l'échevinage, la seigneurie de Séchelles possédait des rentes foncières montant à cinquante-neuf livres et quarante-neuf chapons, plus vingt livres et cent-vingt-neuf chapons, extra-muros : ce dernier item fut réduit de bonne heure à néant par l'extension de la zône militaire.

A ces revenus s'ajoutaient encore les droits de bargaigne, d'étalage, d'entrée et d'issue sur les divers héritages tenus en arrentement de la seigneurie.

Pierre de Séchelles y prétendait aussi le droit d'épave, ou « l'estraier » : ainsi nous l'apprend certain conflit soulevé

thieu son aïeul, étaient, de père en fils, établis pelletiers rue St-Aubert. Charles, son père, était chaussetier au coin de la rue des Balances, sur la Petite-Place, tout près de laquelle son oncle, Robert Cardevacque, tenait l'hôtellerie de St-Julien en la Taillerie (n° 6).

Guillaume, « *tronc commun des deux branches de Cardevacque* » — (et « fils inlégitisme de Huart ») — eut d'abord son domicile place de la Madeleine. Expulsé d'Arras par Louis XI en 1479, il alla habiter Amiens. Evidemment, Breughel (le Vieux) n'a pu le portraiturer ni ici ni là, puisque le peintre ne vint au monde qu'au siècle suivant. La toile jette d'ailleurs les hauts cris contre cette attribution et cette date.

De plus, en admettant l'existence préhistorique des armoiries de la famille, le blason de Guillaume devrait porter la bande de bâtardise, et non les armes pleines. Aussi est-il vraisemblable qu'elles furent ajoutées à ce tableau de genre, au siècle dernier, par son propriétaire de la branche aînée d'Arras, désireux d'affirmer par là, sinon de confirmer, son droit aux armoiries communes que lui contestait la branche cadette d'Havrincourt, seule anoblie.

Voir sur cette querelle l'intéressant « Mémoire pour Messire Jean-Antoine-François-Balthazar de Cardevacque, prêtre, chanoine de l'Eglise d'Arras, défendeur, contre Messire Anne-Gabriel-Pierre de Cardevacque, marquis d'Havrincourt, gouverneur de la ville et château d'Hesdin, mestre de camp au Régiment royal étranger cavalerie, demandeur, 1771. »

entre lui et l'échevinage « sur che que un bastons avoit esté pris et levés comme estraiers par Baudin de Goy, sergant Mgr Pierre de Secheles, ou lieu la ou li bastons Mgr Pierre de Secheles keurt, lequel baston li dis Baudin mist en le main des eschevins, pour cognoistre et ordener au droit de celui à qui il appartenra ; et sur che li dis messire Pierres se fust trais pardevers nosseigneurs les gouverneurs, et leur heust donné à entendre que li warde dudit baston appartenoit à lui, à cause de le justice qu'il a ou lieu là où il fu trouvés » (1).

On remarquera que dans cette citation les « bastons » se suivent et ne se ressemblent guére, malgré leur communauté d'origine. Le bâton du seigneur de Séchelles, comme ailleurs celui du châtelain, du prévôt, du maire etc., représente ici son pouvoir juridictionnel, au figuré — bien que Philippe d'Alsace, comte de Flandres, s'en servît au propre, dit-on, sur le dos des bonnes gens d'Arras (2).

Quant au « baston estraier », objet du litige, c'est autre chose.

Un des plus graves, en même temps que de beaucoup le plus complet de nos historiens d'Arras, raconte, d'après D. Gérard Robert, comment, par ordre de Louis XI devenu maître de la Ville et de la Cité, toutes les armes de guerre durent être apportées en la halle échevinale ; à quoi il ajoute : « On ne fit même pas grâce aux simples bâtons » (3).

(1) Arch. comm., *Reg. mém.* I, publié dans les *Mém. de l'Acad.*, 2e série, t. III (1869), v. p. 210.

(2) « Cum magna iracundia de mensis exiliens.... rejecta clamide et fuste arrepto, obstantes circumquaque discutiens... » — Guiman, *Cart.*, p. 120.

(3) E. Lecesne, *Hist. d'Arras*, t. I, p. 434. — «.... toutes les armures et bastons portés en halle, pour en faire au gré des capitaines. » — *Journal de D. Gérard Robert*, p. 19. — « Fut publié que tous gens de guerre.... portassent toutes leurs armures et battons en le halle. » — *Ibid.* p. 145.

Or il se trouve que le « grand baston » de la Ville pesait cinq mille six cents livres et demie, et le « petit baston » seize cents ! On devine l'équivoque : toutes les armes offensives, même les armes à feu, y compris les plus gros canons, s'appelaient jadis des « bâtons. »

C'était donc la trouvaille d'une arme de guerre sur la voie publique qui avait suscité le conflit.

La décision des gouverneurs d'Artois donna raison au seigneur de Ronville en lui en adjugeant la garde ; mais il ne devait la rendre à l'ayant-droit qu'après avis de l'échevinage.

Pierre, chevalier, sire de Séchelles, se qualifiait en outre, dès 1362, seigneur de Montenescourt. A sa mort en 1367, il laissa pour héritier à l'un et l'autre titre Mathieu de Séchelles, chevalier, mentionné en 1369, 1372, 1376, 1378, 1381 (1).

Sa veuve, Marie de Norrem, (2) mère de Mathieu de Séchelles, s'était remariée à Baudin de la Rabarde, écuyer. Le fils, alors âgé de vingt-deux ans et déjà chevalier, tua le beau-père. De là un procès retentissant, suivi de confiscations, de conflits juridictionnels, de l'intervention même du pape, et finalement d'une rémission obtenue moyennant finance (3).

Mais le récit de l'affaire sort de notre cadre, car, avant ce tragique évènement, le fief de Ronville avait changé de mains ; il était en 1378 la propriété de Me Wautier Haterel, alors domicilié à l'hôtel de Séchelles :

Cette constatation résulte d'un procès que le nouveau pro-

---

(1) Arch. du Nord, *Reliefs d'Avesnes et Aubigny.* — J.-M. Richard, *Inv. somm.*, t. II, pp. 91, 99, 118.

(2) Norrent, chef-lieu de canton, arrond. de Béthune.

(3) Arch. du Nord, *Ch. des C.* Ch. de Philippe, comte de Flandres, du 20 déc. 1393. — *Ibid., Comptes du domaine.* Reg. coté A nº 185. — *Ibid., Inv. somm.*, t. IV, p. 17.

priétaire soutint cette année-là contre le receveur communal
du droit de chaussée préposé à la porte Ronville (1); elle est
corroborée par l'état des *Rentes foraines* dressé en 1382.

A partir de cette date et par ce nom commence l'historique
inséré au mémoire de M. A. de Cardevacque.

M° Wautier Haterel nous semble mériter mieux qu'une
simple mention. Il était avocat en cour laie, *in laycali curia
causidicus seu advocatus* ; à ce titre, il figure au nombre des
conseillers de l'échevinage de 1369 à 1380 : l'emploi n'était
pas encore devenu un office permanent.

Passant alors en cette même qualité au service de l'abbaye
de St-Vaast, il devient presque aussitôt, et concurremment,
conseiller de Louis de Mâle, comte de Flandres et d'Artois,
puis de Philippe le Hardi, fonctions qu'il conserva jusqu'à
sa mort en 1396 (2).

Ses démêlés avec le préposé au droit de chaussée avaient
été suivis de nouveaux conflits de même nature à propos des
maltotes. On débitait chez lui du vin et autres boissons, et
il refusait de se soumettre à la taxe.

Cette autre prétention, d'ailleurs commune à tous les pos-
sesseurs de fiefs enclavés dans la juridiction, menaçait de
tarir une des mamelles du budget, et non la moins abondante.
Aussi les échevins se hâtèrent-ils de couper court à ce trafic,
en plaçant des sentinelles à la porte de l'hôtel (3). Les allées
et venues des buveurs d'Arras en Cité trouvaient, à la sortie,
la même surveillance et le même obstacle.

(1) Arch. comm., *Commission du prévôt de Beauquesne* (copie)
du 4 mars 1377.

(2) Arch. du Nord,. *Septième Cart de Flandre.* — Arch. comm.,
Reg. mém., I (loc. cit., p. 237) ; II, f° 8 v° ; III, f° 105 v°, 145 r°,
152 v°, 173 v°. — *Ibid.*, *Embrev.*, 1376 (Ant. Vignon) ; 1392-93,
f° 131 r°. — *Ibid.*, *Cart.* PP. pièce 27, p. 41 — Arch. du P.-de-C.,
Cartul. Guiman, n° 309. — *Inv. somm.*, t. II, p. 126. — *Inv. des
Ch. de la Ville*, Docum. pp. 152, 153, 154.

(3) Arch. comm., *Reg. mém* , III, 1392-97, f° 145 r°.

Quand il fut héritier de la seigneurie de Ronville, Jean Haterel soutint en parlement la lutte engagée par son père contre la commune. La procédure marcha avec sa lenteur habituelle ; douze ans plus tard on plaidait encore, lorsqu'une trève vint suspendre les hostilités, sous réserve du droit respectif des parties (1).

Pendant l'état de guerre, les échevins n'avaient trouvé rien de mieux que d'asseoir à la taille de cette année-là (1406-1407) Jeanne Haterel, sœur de Jean, douairière de Miraumont, demeurée tout récemment veuve de Jean de Miraumont, chevalier, chambellan du roi.

Celle-ci introduisit aussitôt une instance sur requête au roi, exposant « qu'elle et son défunt mari, ayant demouré et fait leur domicile et résidence par plusieurs années en la ville d'Arras, avoient toujours esté exempts comme nobles des tailles et impôts, etc. »

Tout porte à croire qu'elle eut gain de cause, sans que l'affaire allât plus loin (2).

A la mort de Jean, en 1421, Ronville échut pour le viage à Genevoise (3) sa veuve, l'héritage appartenant à Michel, leur fils, qui les réunit l'un à l'autre quatre ans après.

Je ne saurais dire à quel titre, de Michel Haterel et Jacqueline *de Broly* sa femme (4), la propriété fut transmise à

(1) *Ibid., Cartul.* PP., p. 133. — 30 juin 1407.

(2) Arch. comm. *Orig.* 13 mars 1407, v. st. Deux pièces.

(3) *Embr.* (Ant. Vignon). — *Alias* Genevotte. — Arch. nat. Xla.

(4) Elle intervient avec son mari dans un acte par lequel ils renoncent à leurs droits sur la maison de *St-Martin*, vendue par Guillaume de le Heute, bourgeois d'Arras, à Marie de Mailly, dame de Bours et de Boullencourt, le 26 janvier 1427 v. st. — (*Ibid., Embr.* fº 136 rº).

C'est dans cet hôtel de la rue Fausse-Porte-St-Nicolas, nº 8, que Marie de Mailly, veuve de David de Brimeu, seigneur de Humbercourt, fit son testament le 18 avril 1447. L'original existe aux Archives communales.

Philippe, chevalier, seigneur de Saveuse et de Bailleul-
mont, qu'on voit, en 1428, instituer un nouveau sergent (1),
et, l'année suivante, annexer la maison du *Petit Dromont*
à son hôtel de Séchelles (2).

Notons seulement, à titre de simple indication, qu'il était
fils de Marguerite *de Broully*, dame d'Averdoing (3). A
moins que l'apparence ne soit trompeuse, il aurait peut-être
existé un lien de parenté entre les deux familles.

A partir de cette aliénation, les Haterel ne reparaissent
plus qu'à propos de Gommecourt, dont la seigneurie continua
de leur appartenir (4).

Pour ce qui est de Philippe de Saveuse, le frère d'arm s
du jeune duc (5), le brillant jouteur des tournois d'Arras (6),
le fondateur des Clarisses en Cité (7), où il avait un hôtel et

(1) Arch. comm. *Reg. mém.* VII, 1426-1436.

(2) *Ibid. Embr.* 29 juillet 1429.

(3) J. Collart, *Journal de la Paix d'Arras*, note p. 216.

(4) Michel Hatterel, escuier seign^r de Gommecourt figure dans un
titre du 7 nov. 1433. (Arch. dép. *Chapitre d'Arras*).

Philippe Hatterel, chevalier, sg^r de Gommecourt, dame Jehane du
Clercq sa femme, fille de Jehan, dit *Grand Jehan* et de dem^{lle} Jehane
de Moncheaux, Jehan du Clercq, frère de ladite dame, Philippe du
Clercq, aussi leur frère, Anthoinette leur sœur, alliée à Regnault
hastard de Beauffort, comparaissent dans un acte de 1469-70 (Arch.
comm. *Embr.* note Ant. Vignon).

« Robinet de Gommecourt, escuier, fils de feu Jehan de Gommecourt seigneur de Gommecourt a recréanté la bourgeoisie » — 8 fév.
1489 v. st. (Arch. comm. *Reg. aux Bourg.*)

(5) Ils avaient gagné leurs éperons d'or ensemble, à la journée du
30 août 1421. (V. Chastelain, *Chron.* Ch. LXXXV).

(6) Arch. comm. *Reg. mém.* VII, f° 15, v°, avril 1428.

(7) Les travaux de l'église furent commencés vers le 7 août 1456,
et l'on possède une lettre du 23 octobre suivant par laquelle le fondateur fait connaître ses intentions. Les religieuses franciscaines n'y
furent appelées que vers le 15 mai 1460.

dont il était capitaine (1), sa notoriété dispense d'un résumé biographique.

Il mourut à Amiens en juillet 1468.

Deux ans après, Marie de Lully, sa veuve, n'ayant pas encore acquitté le droit de mutation dit quart forain, l'échevinage fit saisir les revenus de l'hôtel de Séchelles pour sûreté de sa créance, et, comme elle tenait le parti du roi, Charles-le-Téméraire, l'année suivante, confisqua son fief au profit de Philippe de Crévecœur, bailli d'Amiens — le seigneur d'Esquerdes, celui-là même qui allait trahir la cause de sa fille et livrer la Cité à Louis XI (2).

La conquête française n'eut pas plus tôt rétabli Madame de Saveuse dans ses droits, qu'elle mourait, sans apparence d'héritier direct (3), car on voit le suzerain de Saulty, Jean de Meleun, faire acte d'autorité, le 22 août 1477, en instituant un sergent du pouvoir « par deffaute d'omme et de relief. »

Le même jour, par mesure conservatrice, un second sergent fut présenté à l'échevinage au nom de « Me Marc de Vauldré, exécuteur testamentaire de feu madame de Saveuses » (4).

Les cueilloirs annuels de la renterie de St-Vaast, suivis de confiance par l'auteur du mémoire, n'en continuent pas moins à porter ladite dame comme vivante jusqu'en 1490, bien qu'enterrée depuis treize ans (5).

(1) J. du Clercq, *Mémoires*, t. IV, p. 13 et p. 187.

On lit dans une chronique du XVIe siècle : « Touteffois en l'église Nostre Dame en icelle Cité se voit encoires aujourd'huy soubz le gros clochier, ceste escripture : « L'an mil IIIIc et XVII feit faire ceste image de St Christofle et présentation Philippes de Saveuses, capitaine de la Cité d'Arras. » — Bibl. d'Arras, Ms 874.

(2) Arch. comm. *Reg. mém.* IX, fo 64 ro et 69 ro, 5 juillet 1470.

(3) Sa fille unique avait épousé le comte d'Eu.

(4) Arch. comm. *Reg. mém.* IX, fo 128 ro.

(5) Commission des Monum. hist. du Pas-de-Calais, *Mémoires*, t. I, livr. IV, p. 341, note 4.

La mutation n'avait pas été faite, comme le cas se présente dans les registres de cette nature, la propriété restant parfois longtemps incertaine dans les successions litigieuses.

Telle était sans doute celle de Ronville, car nous verrons les exécuteurs testamentaires en conserver la garde, jusqu'au jour où elle eut un nouveau maître dans la personne de Karquelavant.

On connaît, au moins de nom, ce capitaine de la Ville et de son château, qui laissa livrer l'une et enlever l'autre, sans réussir à se sauver lui-même. Cela se passait en novembre 1492 ; or c'est en juin 1493 que le registre du rentier lui attribue l'hôtel de Ronville.

Le rapprochement de ces dates a donné lieu à une induction bien peu vraisemblable :

« Charles VIII, » dit le mémoire, « voulant récompenser
« les services du capitaine Jehan de Carquelevant qui, après
« avoir vaillamment défendu le château de la porte Saint
« Michel assailli par les Bourguignons en 1492, avait été
« fait prisonnier par Philippe de Belleforière, lui donna la
« maison de Séchelles et ses dépendances, confisquées sur
« le seigneur de Saveuse qui était resté fidèle à la maison de
« Bourgogne (1). »

Ainsi, Charles VIII aurait attendu qu'Arras ne fût plus à lui pour en faire largesse, et cela, en dépouillant un partisan du vainqueur au profit de celui qui avait laissé prendre la ville — et s'était laissé prendre lui-même !

Car, arrêté dans sa fuite, il fut gardé à vue par les lansquenets de Bourgogne dans cet hôtel de Séchelles d'où il s'était sauvé la nuit, à la première alerte, pour se réfugier au château de la Grand'Place (2). Cet hôtel lui appartenait en effet, depuis deux ans et plus : il l'avait acheté en

(1) *Ibid.*

(2) D. Gérard, *Journal*, et Denys Maton, *Prinse d'Arras*. — Voir E. Lecesne, *Hist. d'Arras*, I, p. 507, 510, 511.

1490 des exécuteurs testamentaires de Mme de Saveuse (1).

L'hypothèse de la donation royale n'a donc pour fondement qu'une confusion manifeste entre Charles VIII et Charles le Téméraire d'une part, de l'autre Crévecœur et Karquelavant : la confiscation visée retarde de vingt ans, nous l'avons signalée à sa date.

En introduisant dans son fief le nouveau seigneur de Ronville, je ne crois pas hors de propos de donner ici, sur ce personnage intimement lié à l'histoire d'Arras de cette époque, des renseignements biographiques qu'on ne trouve pas réunis ailleurs.

Jean, seigneur de Karquelavant, était breton, comme le nom l'indique : Kerguellavant et son château sont une dépendance de Pont-Scorff, chef-lieu de canton de Lorient (Morbihan).

Enrôlé d'abord, a-t-on dit, dans l'armée de Charles le Téméraire, marié par lui à une riche héritière de ses états, cette alliance l'aurait déterminé à passer, comme d'Esquerdes, au service de Louis XI (2).

L'inexactitude de cette dernière assertion, constatée plus loin, rend la première tout au moins suspecte jusqu'à preuve. On ne peut affirmer qu'une chose, c'est que le capitaine Karquelavant commandait, en 1479, cent lances fournies de

(1) Arch. comm., *Reg. mém.*, x, fº 77 rº (1484-1495).

(2) « C'estoit un Gentil-homme Breton que Charles, duc de Bourgongne avoit attiré à son service et luy avoit fait espouser l'héritière de la Maison de Liques en Boulonnois (?). Après la mort de son Maistre, en suivant l'exemple du seigneur des Cordes et autres, qui avoient leurs héritages situez dedans les terres du Roy de France, il se mit au service de sa Majesté et estoit lieutenant du Bastard de Cardon, Gouverneur (?) de la ville d'Arras, que le Roy tenoit en sa main par le moyen d'une saisie féodale. » — Jean de la Barre, *Les Antiquitez de la ville, comté et châtelenie de Corbeil*, Paris, 1647, in-4º, p. 217.

la grande ordonnance du roi, autrement dit cinq cents hommes, tant de cheval comme de pied, de la garnison d'Arras : celle-ci comptait alors huit cents lances.

On sait le rôle prédominant qu'il joua dans la tentative avortée pour surprendre Douai ; Dom Gérard Robert nous a raconté son stratagème et son échec (1). Voici un fait inédit relatif à cet évènement.

Le jour même de l'expédition, mercredi 16 juin 1479, un de ses archers en assommait un autre de la compagnie de Jean de Daillon. Arrêté dans les vingt-quatre heures par ordre de son capitaine, l'archer céda aux conseils d'un camarade de libations nommé Louis de Signac, et, trompant avec son concours le geôlier de Cité, il s'évada le soir sous un déguisement.

(1) Voir Dom Gérard Robert, *Journal*, p. 33. On avait rassemblé la nuit « trois mille hommes, tous couchiez dedans les bleds d'entour Douay. Les aucuns, comme Karkuelavent, capitaine et autres des principaux, se mirent en abit dissim lé, faindant porter herbe audit Douay à la porte ouvrir; et avec ce portoient quartiers de bois pour bouter à la porte dans le courant de l'erche, et pieds de quièvre de fer et espées toutes nues dedens lesdis faitz d'herbes.... » — E. Lecesne, I, 445.

Ces bottes d'herbes que portaient Karquelavant et ses affidés ne contenaient aucune « machine de guerre de nouvelle invention », mais simplement des bois équarris pour obstruer les coulisses des herses, des leviers de fer et des armes pour vaincre les premières résistances.

Le *Journal* de notre chroniqueur de St-Vaast, classe cette tentative dans la série chronologique des évènements de 1478. On ne s'explique pas cette transposition. Si la date du 16 juin 1479 n'était déjà si bien établie, elle résulterait du Compte de la Hanse de Lille enregistrant l'arrivée d'un messager expédié de Douai le jour même pour annoncer « comment les Franchoys s'estoient de nuyt venut enbuschier à grant puissance auprès de leurs portes, à intencion de faire emprinse sur ledite ville à l'encontre de leurs dites portes. » (Arch. comm. de Lille).

Karquelavant, informé dès la première heure par son lieutenant Patrice Maquelalain (1), rencontra l'instigateur et complice du méfait, au moment où, sautant en selle, il se disposait à courir sus aux batteurs d'estrade des environs. Déjà furieux de son insuccès de l'avant-veille, exaspéré par le rapport du lieutenant, il frappa Signac de son épée, si brutalement qu'il le tua.

Ce meurtre fait l'objet d'une lettre de rémission accordée à son auteur ; on en trouvera le texte à la fin de cette notice.

Karquelavant n'était encore qu'écuyer ; élevé à la chevalerie l'année suivante, il ne tarda guère à recevoir une nouvelle marque de la faveur royale.

« Considérans, dit Louis XI, que, pour nous servir, obéir et complaire, il a abandonné le païs de sa nacion, voulant recongnoistre envers lui lesdits services, et mismement afin qu'il ait lieu et maison propre où faire sa demeurance en *nostre royaume et obéissance* » lui avons donné pour lui et ses hoirs masles « noz conté, place, chastellenie, terre, prévosté et seigneurie de Chaumont en Veuxin....

» Thouars l'an de grâce mil quatre cens quatre vingtz et ung (2). »

« Karquendlavan (3) » — telle était sa signature, et c'est ainsi que le *nom est écrit dans l'acte* — touchait annuellement, pour son service militaire, douze cents livres sur la recette générale de Normandie.

Nous possédons trois quittances originales de cette pension, pour les années 1481, 1482 et 1483 (4), où pendent deux sceaux non catalogués : l'écu porte *trois chevrons accompa-*

(1) Lisez Mac Lalain.

(2) Arch. nat. JJ. 209, fo 48 vo.

(3) Comme toujours l'usage populaire estropia ce nom étranger en lui donnant une forme et une dérivation françaises : *Kerquelevent*.

(4) Bibl. nat. *Cabinet des titres*, Fr. 28087.

gnés d'une hermine au canton dextre, pour support deux lions, timbré d'un heaume cimé d'un fruit ? (1).

C'est dans cette première période, la date ne pouvant dépasser 1484, que Karquelavant avait acheté d'Olivier le Dain, le sinistre barbier, cette capitainerie de Corbeil où nous dev ns le retrouver bientôt (2).

Après la reconstitution d'Arras et le « rétablissement de la loy », auquel l'enregistrement d'un grand banquet officiel rattache son souvenir (3), le capitaine continua de se montrer le vaillant champion de la conquête française, et ses services ne furent pas méconnus.

Le maréchal d'Esquerdes, pour l'en récompenser, lui donna d'abord la terre et seigneurie de Duisans, confisquée sur Philippe de Bourbon (4), libéralité que le bénéficiaire s'empressa de reporter sur son lieutenant, Michel de Proisy, écuyer, seigneur du Perroy.

(1) Jean de la Barre, *loc. cit.* p. 217, paraît donc avoir mal lu le blason, sans doute effacé, de la pierre tombale, lorsqu'il dit : « Ses armes estoient composées d'*un chevron portant en chef deux hermines.*»

La famille, la seigneurie et les armes des Karquelavant sont ignorées des généalogistes et armoriaux de Bretagne, du moins, ni le Ms. t. 457 du Cabinet des titres, ni le grand ouvrage de P. Potier de Courcy n'en font mention.

(2) J. de la Barre, *Les Antiquités de la ville, comté et châtelenie de Corbeil.* — Paris, 1647, in-4°, p. 217.

(3) Le « rétablissement de la loi » eut lieu les 4, 5, 6 et 7 mai 1484 (*Inv. des Chartes de la Ville.* Documents, p. 328). Le 10, un dîner offert à Pierre Loys de Valtan, capitaine de la clôture du camp envoyé par le maréchal d'Esquerdes, pour faire appliquer l'ordonnance contre les excès des gens de guerre, réunissait à la Maison-Rouge les deux capitaines des châteaux d'Arras et de Cité, d'autres capitaines de la garnison (entre autres Carquelavant), Jean Gosson, lieutenant du sénéchal et gouverneur, Pierre Caulier, procureur d'Artois, le maire d'Arras, Jean de Beaumont et les nouveaux échevins (Arch. comm., *Reg mém.*, x, 1484-1495).

(4) Arch. nat. P. 1397, coté 524. — 1er juillet 1486.

La lettre le qualifie conseiller et chambellan du roi. (1).

L'année suivante, par commission royale datée de Château-Gontier le 29 avril 1487, Charles VIII le nomma « capitaine de la ville d'Arras et du château (2) ».

Il succédait dans cet emploi supérieur à un de ses compatriotes, Olivier de Quoaitmen (3), que la grande charte de Franchise avait investi, comme lieutenant du roi dans sa nouvelle colonie, des prérogatives les plus étendues de gouverneur général à la fois civil et militaire (4).

Réduit à ce dernier rôle par la réintégration des anciens bourgeois dans leurs priviléges, c'est dans le récit des faits d'armes signalés par les chroniques du temps que l'on doit s'attendre à retrouver la trace de Karquelavant.

On le rencontre aussi dans une autre circonstance, associé, comme toujours, à l'inséparable bâtard de Cardonne, mais alors pour une entreprise de nature bien différente.

Le roi les avait chargés de s'entremettre du mariage d'un archer du comte de Foix (5) avec la fille de Pierre Camp,

(1) *Ibid.*, même cote. — 14 septembre 1486.

(2) Arch. comm., *Reg mém.*, x, fº 34.

(3) D'après sa signature autographe au bas d'une lettre que nous avons imprimée dans l'*Inv. des Chartes*, Docum. ccxlii, 28 oct. 1483, il écrivait ainsi son nom, au lieu de la véritable orthographe bretonne, *coët men*. — Cette famille est connue des généalogistes : elle portait *de gueules à 9 annelets d'argent, 3, 3 et 3*. La seigneurie dépendait de la paroisse de Tremeven, évêché de Tréguier (arrond. de St-Brieuc). Olivier de Coëtmen avait épousé Marie Arret, fille de Mᵉ Jean Arret, sieur de Kermarquer (V. Bib. nat., *Cabinet des titres*, t. 457, et P. Potier de Courcy, *Nobiliaire et armorial de Bretagne*, 1862).

(4) Ordonn. des Rois de France, t. xviii, 7 juillet 1481.

(5) Les cinquante lances de la compagnie de Foix laissèrent un tel souvenir de leur premier séjour à Arras « pour les grandz outraiges, desrois et batures qu'ilz avoient fait aux bourgois, manans et habitans », que, menacés d'avoir à les héberger de nouveau, les

riche marchand de soieries de la Petite-Place (1), transplanté
à Paris lors de l'expulsion des bourgeois, et compris, à
leur retour, dans la promotion échevinale du rétablissement (2).

Les premières démarches n'avaient pas été favorablement
accueillies, du moins par le père, car on voit qu'il songeait
à soustraire sa fille à certaines importunités, lorsque les
négociateurs, intervenant militairement, lui firent défense
« de la transporter hors de sa maison ».

échevins dépêchèrent leur greffier au maréchal d'Esquerdes, en le
priant de les loger ailleurs. Mais il leur fut répondu « que le Roy
l'avoit ainsy ordonné par les billets et ordonnances signées de sa
main, à quoy mondit sg^r le marissal ne volloit aucunement touchier
ne aller au contraire. » — (Compte de l'échev. 1490, 11 octobre).

(1) Ce nom reparaît aux diverses époques dans l'histoire industrielle, civile, militaire et même littéraire d'Arras. Sans préjuger la
communauté d'origine, voici quelques premières indications généalogiques :

Jacquemart Camp, drapier, reçu bourgeois en 1427, habitait, rue
de l'Estrée, une grande maison avec jardin. Il fut échevin depuis
1429 jusqu'à sa mort en 1437 — deux années sur trois, suivant la
règle.— Il avait épousé Rose Mansel. Leur inscription funéraire est
relevée par Simon le Febvre (Bibl. d'Arras, Ms. 328, f° 23 r°) avec
leurs blasons : le mari *un échiqueté*, la femme, *trois étoiles*. La pierre
tombale doit être au Musée.

Baudin Camp, drapier, époux de Jacquemine Paien, acheta en
1427 des de Wavrans, propriétaires de ce groupe de maisons depuis
un demi-siècle au moins, l'*Espine d'argent* sur la Petite-Place
(n° 25), entre *Le Merchier*, dédoublement de la *Licorne*, et la *Barge
d'or*. — Noter que le rentier de St-Vaast n'avait pas encore fait la
mutation en 1435 — Baudin Camp mourut en 1471-72.

Son fils Pierre, celui de la lettre, eut de Gille Morel trois enfants
entre lesquels ils firent un partage testamentaire le 7 janvier 1517
n. st. : Nicolas, l'aîné, mort vers 1541, Jeanne, femme de Guillaume
de Paris, et Madeleine, mariée à Jean de Vichery.

(2) *Inv. des Chartes de la Ville*.— Docum. CCXLIV, p. 328, 4-7 mai
1434.

Pierre Camp protesta contre ce blocus domiciliaire, et finalement, le roi fit enjoindre à ses terribles agents matrimoniaux de ne plus se mêler de l'affaire (1).

Certes, le désaveu était humiliant ; mais Karquelavant pouvait s'en consoler en lui opposant un témoignage récent de la faveur du roi : il était nommé gouverneur de Valois (2).

Le nouveau commandant de la place d'Arras et de son château habitait l'hôtel de Chaulnes en l'Estrée, devenu le refuge de l'abbaye du Mont-St-Eloi. Il jugea convenable de changer de résidence et d'avoir une demeure à lui : c'est pourquoi il acheta des exécuteurs testamentaires de

(1) J'ai reproduit cette lettre dans l'*Invent. des Lhartes*, Docum. CCXLVII, p. 322. La fiche correspondante du volume des Analyses, non publié, porte cette indication : «Extrait du Cartul. C., p. 116, lettre non datée, vraisemblablement de 1489, peut-être de l'année précédente ou de la suivante. »

(2) Les archers de corps à marier abusaient positivement de la candidature officielle. On peut voir dans la *Chronique* de Georges Chastellain comment le duc de Bourgogne et Colinet d'Arras voulurent s'en prévaloir à l'égard d'un « riche vilain, brasseur de cervoises demorant à Lille en Flandres » et de sa fille, « seule héritière, mariable et assez belle. » (Ed. Kervyn de Lettenhove, t. III, p. 82).

Ils ne laissaient pas même aux riches veuves d'Arras le *temps de faire leur deuil*. On en cite une qui, pour éviter le mariage forcé, convola le jour même de la mort de son mari. « On la pourroit excuser, dit Jacques du Clercq, car en ce temps, par tout le pays du duc de Bourgogne, sitost qu'il advenoit que aulcuns marchands, labouriers, et aulcunes fois bourgeois d'une bonne ville ou officier trespassoit de ce siècle, qui fust riche, et il délaissat sa femme riche, tantost ledit duc, son fils ou aultres de ses pays voulloient marier lesdites vefves à leurs archiers ou aultres leurs serviteurs..... et pareillement, quand ung homme estoit riche et il avoit une fille à marrier, s'il ne la marrioit bien josne, il estoit travallié, comme est dit cy dessus. » (Ed. Reiffenberg, t. II, p. 245).

Mme de Saveuse l'hôtel de Séchelles et ses dépendances (1).

Les circonstances de son mariage ne furent sans doute pas étrangères à cette acquisition : c'est, en effet, vers ce temps-là qu'il dut épouser Isabelle de Ligne, veuve, en premières noces, de Jean d'Ocoche, seigneur de Neuville, en secondes noces, de Edmond de Monchy, seigneur de Senarpont. (2).

Elle occupait avec son troisième époux les appartements du manoir de Ronville, lorsque, le 5 novembre 1492, avant le jour (3), réveillé en sursaut (4) par le tumulte des soldats allemands maîtres de la porte d'Hagerue. Karquelavant

(1) « Ledit jour (9 mai 1490) mesdits sg^{rs} accordèrent à M^r le cappitaine de Karquelavend, gouverneur de Valois et cappitaine de ceste ville et du chasteau, que le procureur de la ville, [comparant] devant le prévost de Beauquesne, feust tenu et décrété en la maison et procuration de l'éritage de la maison de Séchelles, situé en l'eschevinage, assez prez de la porte de Ronville; lequelle maison de Séchelles est un fief tenu de la seigneurie de Sauty, sauf une portion d'icelle, comme la porte de derrière, une partie de la court et du gardin tenant par derrière au gardin de la maison de Contay ; ledite maison de Séchelles et une appendance d'icellui vendus à mondit sg^r le gouverneur par les exécuteurs du testament de Mme de Saveuses... » Il est fait remise à l'acquéreur du droit de quart forain appartenant à la Ville sur la partie de l'immeuble tenue de l'échevinage (Arch. comm., *Reg. mém.* x, 1484-1495, f° 77 v°).

(2) Isabelle de Ligne, huitième enfant de Michel de Ligne, baron de Barbançon, eut de son premier mariage : 1° Jean, qui fut seigneur de Neuville ; 2° Jeanne, mariée à Gilbert de Lannoy, seigneur de Willerval, fils de Philippe de Lannoy, dont il sera question plus loin ; 3° Marguerite *alias* Bonne de Neuville (A. de Neufville, *Hist. généal. de la maison de Neufville*. Amsterdam, 1869, in-4°).

De son second mariage, contracté le 16 avril 1482 n. st., elle eut : 1° Jean de Monchy, seigneur de Senarpont, de Wismes et de Guimerville ; 2° une fille (De la Chenaye-Desbois, *Dict. de la noblesse.*)

On ne connaît pas d'enfants du troisième mariage.

(3) « A l'heure de chinq heures du matin. » — D. Gérard Robert. *Journal,* p. 90.

(4) « Il avoit joué aux depz jusques à la mynuit. » — *Ibid.* p. 88.

s'enfuit à peine vêtu, et gagna, par le chemin de ronde, le château de la porte St-Michel.

On connaît les suites de cette surprise, l'escalade de son hôtel par Lejosne-Contay, la scène tragi-comique dans la chambre de Madame (1), la reddition des deux châteaux, la rapacité des chefs et des soldats, leurs insolences et leurs excès.

Jean de la Barre assure qu'ayant ainsi « rendu la place assez légèrement, Karquelevant fut très mal reçu du Seigneur des Cordes et mal voulu de tous les Picards », si bien que, « de honte qu'il en eut, il quitta ce pays-là et vint faire sa retraite à Corbeil dont la capitainerie luy avoit esté cédée par Olivier le Daim (2). »

(1) « Le dit Chrestien mena le dit lieutenant (Jean Gosson) au casteau de le porte St Micquiel, là où estoit Karkuelavent, et aucuns autres aussi à l'ostel Karquelavent : il y vint le seigneur de Forest en personne ; à cause que l'huys estoit clos, entra par les fenestres, tout armé, ouvry l'huys à aucuns de ses gens, et trouva Mme et ses chamberières au lever ; laquelle dame se mit à genoux devant lui et lui pria pour l'honneur de noblesse qu'il euist pitié de son mary (lequel estoit parti et boutté au casteau, comme dit est). Lequel, par semblant, lui montra bonne chière, à cause que, de tous lez on lui fourra les housseaulx d'or en monnoye, par telle fasson qu'il ne pooit marchier — sans ce qu'il prit des joiaux et des biens à outranche, par fixion de lui les volloir garder. » — (*Ibid.* p. 91).

Ce Chrétien, sergent révoqué, le guide des pillards, au besoin des pillés, opérant pour son compte, sans préjugés politiques ; cette femme affolée, demandant grâce à genoux pour la vie de son mari, sans se douter que le mari a déjà décampé en simple appareil ; ce grand seigneur faisant main basse sur les bijoux et l'argenterie de Madame, sous prétexte de les mettre en sûreté ; les bottes de ce gendarme transformées par les femmes de chambre en lourdes tire-lires qui entravent sa marche — avec Grisart et la porte d'Hagerue à l'arrière-plan — quelle fresque pour le Palais des Beaux-Arts !

(2) *Les Antiquités de la ville, comté et châtellenie de Corbeil.* Ibid.

Assurément, cette trahison avait « brassé ung brouet bien amer à boire audit capitaine et autres, lesquels furent pris par faute de bon guet (1). »

Il ne faudrait pas croire, cependant, que la surprise d'Arras ait brisé sa carrière militaire, puisqu'on le voit encore, de janvier 1499 à janvier 1504, servant dans l'armée du roi aux gages de 500 livres (2) : il appartenait alors au régiment du comte de Nevers, dont il se qualifiait le lieutenant général deux ans plus tard (3).

Mais l'hôtel de Séchelles avait perdu ses hôtes, et leur tombeau, qui se voyait jadis dans l'église de Notre-Dame de Corbeil, détruite à la Révolution, ne laisse aucun doute sur le choix qu'ils firent de cette ville pour leur résidence.

Isabelle de Ligne y serait morte en 1501, d'après le fragment d'épitaphe suivant, d'un grand intérêt pour notre sujet, malgré les erreurs de transcription : ..... *vivante femme de Messire Jean de Kerkelevant seigneur de Liques, de la Norville et de Senerpont, qui trespassa le vingt-uniesme septembre mil cinq cens un* (4).

(1) D. Gérard Robert, *Journal*, p. 83.

(2) Ainsi qu'il résulte de trois quittances dont la copie nous est parvenue. — Bib. nat. Ms. Fr. 28087.

(3) « Messire Jehan de Karquelevend, chevalier, signeur dudict lieu, conseillier, chambellan du Roy nostre dict signeur et son cappitaine de Carbœul (*lis.* Corbœul), lieutenant général de hault et puissant prinche monsigneur le conte de Nevers. » — Acte de vente de 1506, copie du dossier des Arch. comm., dans A. de Cardevacque, *L'Hôtel de Séchelles*, p. 358 des *Mémoires de la Comm. des Mon. hist.* t. i. livraison iv. — 1894.

(4) C'est sur la foi de cette lecture fautive, *Liques* au lieu de *Ligne*, que Mre Jean de la Barre fait marier par Charles le Téméraire le capitaine Karquelavant avec « l'héritière de la maison de *Liques* en *Boulonois* », seigneurie héréditaire des châtelains de Lens de la famille de Récourt, dans laquelle il n'a certainement pas pris alliance.

Norville, arrondissement de Corbeil, pourrait avoir appartenu à

L'épitaphe du mari n'a pas été relevée, et la date de sa mort reste inconnue : on sait seulement qu'il vivait encore en 1506.

Cette année, en effet, par acte du 15 juin, passé devant auditeurs royaux de la prévôté de Beauquesne, Jean de Karquelavant, ou plutôt son bailli d'Arras, Pierre Lallart (1), vendit pour la somme de deux mille livres, à Jean d'Ocoche, seigneur de Neuville-Vitasse, l'hôtel et pouvoir de Séchelles, avec tous les immeubles, droits et revenus dépendant de la seigneurie.

Cet acte demande un commentaire.

Notons d'abord qu'antérieurement à la vente, Jean de Neuville avait pris Séchelles en arrentement, à raison de

Karquelavant, mais on n'en a pas la preuve, tandis que les vraisemblances permettent de voir dans ce mot une altération de *Noeville*.

Jeanne de *Ligne* était, en effet, par ses deux premiers mariages, douairière de *Neuville* et de *Senarpont* ; toutefois elle ne fut jamais « dame de *Ligne* — encore moins Karquelavant pouvait-il être qualifié de seigneur de *Ligne* » ; et de plus, à la mort de sa femme, les autres titres devenaient caducs.

Cette épitaphe aurait donc été, ou remaniée, ou mal transcrite.

(1) Pierre Lallart était déjà procureur de Karquelavant pour Séchelles en 1494. Natif de Douai, clerc de Jacques Marchand, procureur en cour laie, il fut reçu à la bourgeoisie pour xvi s. le 14 déc. 1490. Son nom figure parmi les échevins de 1508, 1511, 1512 et 1516. Il devint maire titulaire d'Arras à partir de 1517 et fut maire effectif de 1524 à 1534, année de sa mort. Il avait épousé Jeanne Boulenger, fille de Pierre.

Avant lui s'étaient établis à Arras : 1° Henry Lallart, reçu bourgeois le 24 avril 1484, dix ans plus tard premier mayeur de la confrérie restaurée de St-Jacques ; 2° Pierre Lallart, couturier, reçu pour xii s. le 23 juin 1485, l'un et l'autre nés à Brebières près de Douai.

Cette famille a compté jusqu'à nos jours des représentants dans la haute bourgeoisie d'Arras.

cinquante livres par an, mais avec faculté d'achat moyennant *deux mille livres* ; (1)

Qu'en outre, la procuration donnée pour cet objet à Pierre
Lallart remontait à plusieurs années, de sorte que l'origine
de ces *transactions coïnciderait* avec *l'ouverture de la succession du conjoint décédé.*

Or l'acquéreur, Jean de Neuville, était précisément héritier de ce conjoint, le fils d'un premier lit d'*Isabelle* de Ligne,
et par suite le beau-fils du vendeur Karquelavant.

Ces arrangements de famille ont donc toute l'apparence
d'une liquidation successorale de biens féodaux.

Et ce qui confirme l'interprétation, c'est que, dans cette
procédure, Jean de Neuville n'est au fond qu'un intermé-
diaire légal : aussi ne manque-t-il pas de stipuler pour lui
« ou son command ». Ce command, l'acquéreur réel, qu'une
simple déclaration suffira à faire ensaisiner, c'est Robert de
Meleun, baron de Rosny.

Ainsi peut s'expliquer cette nouvelle mutation, sinon sous
des garanties de certitude absolue, puisque le titre nous
manque, du moins avec un concours de vraisemblances qui
fait absolument défaut à l'hypothèse d'une succession héréditaire, *affirmation gratuite, contraire à toutes les données,*
chronologiques et généalogiques (2).

(1) Voir l'acte publié par M. de Cardevacque d'après la copie du
dossier des Archives, *Mémoires de la Comm.* p. 358.

(2) A. de Cardevaque, *L'hôtel de Séchelles*, p. 341 des *Mémoires* :
« De Carquelevent n'en fut pas longtemps propriétaire ; il la vendit
« le 5 juin 1506 à Jehan, seigneur de Neufville, *descendant, par sa
« mère, des sires de Saveuse et dont hérita Robert de Melun, gouver-
« neur d'Arras.* »

Que la mère de Jean de Neuville, Isabelle de Ligne descendît des
Saveuse, c'est ce que le P. Anselme ne soupçonnait pas ; mais prou-
vât-on cette descendance, qu'elle n'établirait en rien les droits d'un
Meleun à l'héritage d'un Neuville en 1508 ; et quand même elle les
établirait, encore eût-il fallu pour les faire valoir que la succession

A partir de l'entrée de la seigneurie dans la maison des Meleun-Epinoy où elle restera deux siècles, la transmission de propriété ne présente plus d'énigmes : il suffit pour s'en rendre compte de suivre pas à pas la descendance de cette puissante famille (1).

Robert de Meleun, baron de Rosny, fut gouverneur d'Arras, du 13 octobre 1503 jusquà sa mort en 1512 (2) : il était frère de François, évêque d'Arras. D. Gérard Robert parle sans enthousiasme des rapports qu'ils eurent l'un et l'autre avec l'abbaye pendant l'occupation allemande (3).

Hugues de Meleun, vicomte de Gand, le second frère, succéda à Robert, son aîné, tant à la gouvernance qu'à la seigneurie de Ronville (4). Dans le partage qu'il fit de ses biens entre ses cinq enfants le 12 novembre 1524, il assigne

fût ouverte : or Jean de Neuville ne s'est nullement prêté à cette combinaison rétrospective ; il ne mourut qu'en 1526, laissant, entre autres enfants « Jehan de Nœufville, escuier, filz aisné et héritier « apparent de Messire Jehan de Nœufville, chevalier », lequel releva alors trois fiefs tenus du château d'Arras, comprenant « la fortresse et creneaulx du chasteau dudit Nœuville. » — (Arch. du Nord, *Recette du domaine*, Reg. coté A. 218).

(1) M. F. Brassart, dans son grand travail sur *La châtellenie de Douai*, a parlé des Meleun avec sa compétence habituelle. L'auteur consacre à plusieurs des personnages qui vont suivre une notice biographique, dont les moindres détails sont étudiés avec cette conscience scrupuleuse qui caractérise tous ses travaux. Nous ne pouvons mieux faire que de renvoyer le lecteur à cette savante publication, où il trouvera le guide le plus sûr et un modèle de critique.

(2) Arch. comm., *Reg. mém.*, xi, f° 203 v°.

(3) « En ce tempore se partit mademoiselle de Rougny (Rongny), « femme du dit Robert de Melun, avec laquelle se partit ledit Fran- « chois, père (*lis.* frère !) du dit Robert, se nommant prothonotaire, « emportant de l'argent de l'église larguement, *per phas et nephas* « (*sic*), à cause de Briconnet, comme dit est. »—(*Journal*, p. 109 — « V. 103 et 105).

(4) Arch. comm. *Reg. mém.* xii, f° 53 r°.

à Jean son unique fils, les seigneuries de Caumont, Rosny,
etc. « avec le fief et maison nommée le pooir de Secelles,
situé en la ville d'Arras, et le jardin et amasement qui siet
au devant » (1). C'est là qu'il mourut « le jœudi xvii nov. 1524,
à 6 h. du soir, en sa maison de Secelles prez la porte Ronville (2) ».

Jean de Melun, ou plutôt sa mère et tutrice la vicomtesse
de Gand — car la faiblesse d'esprit de son fils lui en avait
fait donner la curatelle (3) — institua comme bailli de son
pouvoir d'Arras Adrien Vignon (4), auquel succédera dans
cette charge son fils Antoine Sr d'Ouencourt (5).

Adrien Vignon devint procureur général de l'échevinage (6). On le voit en 1542, et l'échevin Jean de Bayart, deux
ans après, (7) solliciter et obtenir l'autorisation de demeurer
à l'hôtel de Séchelles alors inoccupé par les propriétaires :
les officiers de la Ville ne pouvaient légalement établir leur
domicile dans les fiefs, c'est-à-dire en dehors de la pleine
juridiction échevinale.

Jean vivait encore en 1551. (8)

Maximilien de Meleun, fils de Jean ., fut nommé gouver-

(1) A. Du Chesne, *Béthune*, preuves, p. 306.

(2) Arch. comm. *Reg. mém.* XIII, fo 2 vo.

(3) Voir F. Brassart *Hist. de la châtellenie de Douai*, I, p. 402.
Peu de temps avant la mort de son père, Jean de Meleun avait
commis un meurtre à Monchy-le-Preux pour lequel il obtint lettres
de rémission. (Arch. du Nord, *Recette du dom.* Reg. A. coté 216.)

(4) Arch. comm. *Reg. mém.* XIII, fo 190 ro.

(5) Le 23 mai 1598 Anth. Vignon était Elu d'Artois et superin-
tendant des affaires de Madame la Marquise de Roubaix. — (F. Brassart, *loc. cit.* p. 418.)

(6) Du 4 août 1540 au 1er juin 1578. — *Reg. mém.* xv à cette date.

(7) *Inv. des Chartes de la Ville.* Docum. cccix, p. 490. — *Reg.
mém.* xiii, fo 360 ro, 6 août — *Ibid.* fo 397 ro, 2 avril.

(8) P. Anselme, *Hist. généal.*, t. v., p. 237.

neur et capitaine d'Arras en juillet 1555 : il succédait dans cette charge à Hugues, vicomte de Gand, son grand-père et à Robert, seigneur de Rosny, son grand-oncle, en même temps qu'il héritait des seigneuries patrimoniales.

A peine entré en fonctions (3 septembre), il demanda aux échevins l'autorisation de jeter un pont ou galerie au-dessus de la rue, pour accéder de sa maison à son jardin en face : elle lui fut accordée, mais à vie seulement, et à la condition de la placer assez haut pour qu'elle ne pût nuire à la perspective de la porte Ronville (1).

Le gouverneur d'Arras mourut le 28 juin 1572 (2), à l'âge de quarante-cinq ans, sans laisser d'enfants de Anne Rollin, fille unique de Georges, seigneur d'Aymeries et de Duisans.

Soit reconnaissance, soit calcul, son légataire universel épousa la veuve, malgré la différence d'âge (3) : c'était un petit cousin, Robert de Meleun, marquis de Richebourg, troisième fils de Hugues créé prince d'Epinoy en 1545 (4).

C'est par lui que le dénombrement de 1572, ci-dessus mentionné, fut servi à son frère, Charles de Meleun, prince d'Epinoy, baron d'Antoing et de Boubers, connétable héréditaire de Flandre, châtelain de Bapaume, sire de Saulty (5).

On connaît la haute fortune, les prouesses militaires et la

____

(1) L'extrait du *Registre mémorial* xiv, contenant cette décision, est imprimé dans le mémoire de M. A. de Cardevacque, d'après la copie du dossier des Archives, p. 363, *loc. cit.*

(2) Arch. du Nord. *Recette du dom.* Reg. A coté 257.

(3) M. F. Brassart a retrouvé leur contrat de mariage, mai et juin 1576, dans les Archives du Parlement de Flandre et l'a analysé. Le « fief et la seigneurie de Séchelles, séant en la ville d'Arras » sont mentionnés dans les apports du mari. — *Hist. du château et de la châtellenie de Douai.* Preuves, p. 179.

(4) Et non en 1541, comme le dit Harbaville, *Mémorial*, t. I, p. 306, et comme le réimprime le *Dict. hist. et archéol. du P.-de-C.* Béthune, t. I, p. 303 — Voir P. Anselme, *Dict. généal.*, t. v, p. 231.

(5) On le trouvera à la fin de cette notice.

fin tragique de « Messire Robert de Meleun, chevalier, marquis de Roubaix, gouverneur général d'Artois, du Conseil d'Estat, chef de la cavaillerie de Sa Majesté, tué avecq aultres seigneurs, et entre aultres le s^r de Billy, par un basteau plain de pierres, poudre à canon et aultres diableries, envoié par ceulx de la ville d'Anvers à l'intencion de rompre l'estacade, où estoit ledict sg^r marquis, faicte pour empescher la navigation de ladicte ville (1). »

Son corps fut ramené à son hôtel d'Arras, sous une escorte de cent trente chevaux, et inhumé en l'église Saint-Jean, sa paroisse (2).

Anne Rollin, marquise de Roubaix et douairière de Séchelles, devait survivre à ce deuxième veuvage jusqu'en 1603.

Ses armoiries jointes à celles de son mari défunt dans un écusson *parti*, surmonté de la couronne fleuronnée du prince d'Epinoy, se voient encore à la façade des écuries qu'elle fit bâtir en 1595 — la date y est (3).

Elle n'eut d'enfant ni du premier, ni du second mariage.

La succession de Robert appartenait donc à Pierre, prince d'Epinoy, son frère aîné ; mais il était proscrit et déchu de tous ses droits pour crime politique, de sorte qu'elle fut dévolue successivement à ses sœurs : 1° Hélène, comtesse de Berlaimont, morte en 1590, 2° Marie, qui avait épousé le comte de Ligne, créé prince en 1602.

Grâce à d'actives négociations alors entreprises par Sully,

---

(1) Arch. comm. *Reg. mém.*, xv, f° 217, 4 avril 1585.

(2) Ibid. 22 avril 1585.

(3) Robert de Meleun, mêmes armoiries que Maximilien :

D'azur à sept besants d'or 3. 3 et 1, au chef d'or, brisé d'une étoile (d'azur ?) au canton dextre. — Anne Rollin : *Ecartelé au 1 et 4 d'azur à trois clefs d'or en pals 2 et 1, le panneton en haut tourné à dextre ; au 2 et 3, de   . à trois fleurs de lys de   . 2 et 1, à la bande de   . chargée de trois lionceaux de   .*

Voir C. le Gentil, *Le Vieil Arras*, p. 465.

Guillaume de Meleun, fils aîné, et les autres enfants du proscrit furent réintégrés dans leurs biens et prérogatives, sauf quelques seigneuries alors attribuées au prince de Ligne (1).

Une lacune de vingt ans dans la série des cueilloirs de St-Vaast, à partir du décès de la douairière de Séchelles, laisse subsister quelque incertitude sur la transmission du fief de Ronville.

Il résulte en effet d'une indication rétrospective qu'avant de faire retour au prince d'Epinoy, la maison de Séchelles aurait appartenu à sa sœur, Hippolyte-Anne de Meleun, mariée en 1610 à Philippe-Charles de Ligne, comte d'Arenberg, morte le 16 février 1615 (2).

« La veuve de Maximilien » dit à ce propos l'auteur du mémoire, « est inscrite au rentier de 1572 comme proprié-« taire de la maison de Séchelles. Elle eut pour héritier « Guillaume, qui prit le titre de prince d'Epinoy, 1633. « D'après le rentier de 1637, la succession semble en déshé-« rence (3).

Remarquons d'abord qu'Anne d'Aimeries n'était pas pro-priétaire, mais simplement usufruitière de Séchelles ; qu'en outre, si Guillaume « prit » le titre de prince d'Epinoy en 1633, c'est que ses ancêtres le portaient depuis bientôt un siècle, et lui-même depuis trente ans au moins.

(1) Dans les lignes qui précèdent, je ne fais que résumer les recher-ches approfondies de M. F. Brassart sur les Meleun d'Epinoy, de la prévôté de Douai. — Voir *Hist. de la châtellenie*, I, pp. 413-425.

(2) Les registres du rentier s'arrêtent à 1602. Celui qui suit est de 1621. On y lit, à l'article de Séchelles, la mention suivante, sans doute ainsi libellée pour la première fois, après la mort d'Hippolyte-Anne de Meleun, au registre de 1615 : « *En le rue du Dromont* — Le prince d'Espinoy, au lieu de Mgr le baron de Zevembercq, à cause de Madame Hippolyte-Anne de Meleun sa compaigne, par succession de Madame la marquise de Roubaix, pour la maison de Séchelles en ladicte rue Ronville, 8 sols. »

(3) A. de Cardevacque, *l'Hôtel de Séchelles*, p. 343 des *Mémoires*.

Quant à la succession, elle ne risquait guère de tomber en déshérence : il laissait dix enfants ! (1) Le passage visé doit donc s'expliquer autrement.

Guillaume mourut, comme son père, sous le coup d'une *condamnation pour crime de lèse-majesté* (2), et la confiscation de ses biens en avait été la conséquence : voilà pourquoi le rentier de St-Vaast dit qu'ils étaient « ès mains du Roy. »

La conquête française respecta les *droits* de sa veuve, Ernestine, fille de Charles de Ligne, comte d'Arenberg : on la voit, en effet, dispensée en 1640 de payer le centième « sur la maison qui fut au feu prince d'Epinoy, comme appartenante à Mme la douairière dudict feu prince et comme vefve de chevalier de la Toison d'or. » (3).

Héritier de la seigneurie de Séchelles, leur fils Alexandre-Guillaume de Meleun, prince d'Epinoy, la possédait en toute propriété dès avant 1652.

A sa mort en 1679, il laissa pour successeur, sous la tutelle de Jeanne-Pélagie Chabot de Rohan, sa veuve, un enfant de cinq ans baptisé en l'église St-Jean-Ronville (4).

(1) P. Anselme, *loc. cit.*

(2) F. Brassart, *Ibid.*

(3) Arch. comm. Comptes du centième.

(4) Paroisse St-Jean-Ronville, registre n° 2 f° 161 : « Le vingt-septième d'octobre 1673, avec la permission de Messieurs les Vicaires de Monsg^r l'Illustrissime et Révérendissime nostre Evesque, j'ai baptisé sans cérémonies le fils de hault et puissant Prince Guillaume de Meleun, Prince d'Espinoy, Connestable héréditaire et premier baire de Flandre, Viscomte de Gand, Marquis de Roubaix, chevalier des ordres du Roy, etc., et de haulte et puissante Princesse, Madame Jeanne-Pélagie Chabotte de Rohan son espouse ». *Signé :* Guillaume de Meleun. — Lesueur.

Le 14 décembre 1674, même libellé pour le baptême « sans cérémonies » de leur second fils. — *Ibid.* Registre n° 1, f° 55.

« Les cérémonies du baptesme de Marie-Marguerite-Françoise de Meleun, fille d'Alexandre-Guillaume, Prince d'Espinoy, chevalier des

Le prince Louis fut le dernier des Meleun qui posséda
cette résidence patrimoniale où il était venu au monde. A la
suite de négociations avec les Etats d'Artois en 1700, le siège
de la seigneurie, distrait du fief, fut vendu par lui et affecté
par la Ville au logement des officiers de la garnison (1).

Ainsi finit, avec le siècle, le rôle féodal de l'antique manoir de Séchelles, des Haterel, de Saveuse, de Carquelavant,
et des Meleun, princes d'Epincy, aujourd'hui l'Hôtel du
Commerce, siège unique et séculaire de la seigneurie de
Ronville, dont les titres historiques ont été attribués, contre
toute vraisemblance, et malgré le témoignage unanime des
documents, à l'hôtel particulier sis en face sur l'autre rang,
aujourd'hui possédé par l'honorable député du Pas-de-Calais, M. Tailliandier.

A l'époque de son aliénation, l'hôtel consistait, comme
aujourd'hui, en un double corps de logis formant équerre,

ordres du Roy, connestable héréditaire et premier pair *(sic)* de
Flandre, etc. et Dame Pélagie Chabotte de Rohan etc. ont esté faites
le premier de décembre seize cent soixante et onze : le parain Jean-
Baptiste Robiquet et la maraine Marie Jeanne Le Brun. » *Signé*
Philippes Corroyer, vicaire. — *Ibid.* Reg. n° 2, f° 150.— (Obligeam-
ment transcrit pour moi par M. Bras, chef du Bureau de l'Etat-civil.)

(1) Arch. comm. *Recueil de copies de chartes*, t. iv : Vente de
l'Hôtel d'Epinoy aux Etats d'Artois pour la somme de 34,000 livres,
par Louis de Meleun, prince d'Epinoy, brigadier des armées du roi,
colonel du régiment de Picardie, le 22 mars 1700. — Copie d'après
l'original *Juridiction, laye* 3, coté 60. — Ibid. *Registre aux saisines*
1697-1710 : Acte du 22 février 1701.

La date 1718 donnée à cette vente résulte d'une interprétation
inexacte des registres de la renterie de St-Vaast, qui ne font que
mentionner un état de choses dont la date initiale manque ici, par
suite d'une nouvelle lacune entre 1685 et 1707.— *Loc. cit.* p. 345.

d'un côté sur la ruelle des Baudets, d'autre, sous deux combles, faisant face à la grande rue sur laquelle il débordait en saillie oblique d'environ cinq mètres à son extrémité vers la porte.

Dans l'angle intérieur s'élevait une grosse tour carrée à quatre étages, coiffée d'un toit en forme de cloche quadrangulaire, surmonté d'un épi renflé à la base portant l'aiguille de la bannerolle.

Cette tour était accolée vers la ruelle à un donjon, de même largeur mais moins haut, terminé par une plate-forme.

Une autre tour carrée, de dimensions plus réduites, flanquait la façade intérieure, au droit du double pignon vis-à-vis de la porte Ronville.

Toutes les couvertures étaient en ardoises (1).

Ainsi isolé de trois côtés, l'hôtel tenait par derrière à une autre résidence historique dont la porte principale ouvrait sur la rue Saint-Nicolas (des Trois-Faucilles), quatrième côté du quadrilatère.

Cet hôtel, mentionné incidemment dans les titres de Séchelles, appartenait, au commencement du XVe siècle, à Pierre des Essars, chevalier, seigneur de Willerval et de la Motte de Tilly, prévôt de Paris, grand bouteiller de France, gouverneur de Cherbourg, etc., exécuté aux halles en 1413 (2).

(1) Notre collègue à l'Académie d'Arras, mon excellent ami M. le Gentil, a décrit l'hôtel avant moi, d'après le plan en relief des Invalides. Grâce à des intelligences dans la place, il avait pu l'étudier, le démonter et le photographier du temps où elle était place de guerre. Aujourd'hui qu'elle est démantelée, la consigne est la même que pour nos forts détachés : défense de prendre notes, croquis, etc. De fortes jumelles et une bonne mémoire sont seules permises aux archéologues. Quant aux espions, rien ne leur est plus facile que de photographier la rade de Cherbourg et le reste, à la barbe blanche des surveillants. Une anomalie aussi invraisemblable appelle une réforme : on nous la fait espérer.

Voir C. le Gentil, *le Vieil Arras*, p. 464.

(2) E. Lecesne, *Hist. d'Arras*, t. I, p. 243.

Le siège de 1414 ayant détruit les couvents du faubourg, il servit d'abord de refuge aux dames de la Thieuloie (1) ; puis les héritiers dudit Pierre, Antoine des Essars, chambellan du roi, sieur de Glatigny, et Philippe des Essars, évêque d'Auxerre, le vendirent à Jean de Thoisy, évêque de Tournai (2), qui, à son tour, le rétrocéda à Mᵉ Jean de Boubers, avocat, comme lui conseiller du duc de Bourgogne (3).

A la mort de celui-ci, il fut acheté par Mᵉ Robert le Jone, chevalier, seigneur de Forest (4), tout récemment nommé gouverneur d'Arras (5), et, pendant un siècle, il resta d'abord la résidence de son fils et de son petit-fils, ses successeurs à la gouvernance, puis la propriété de leurs enfants.

Vendu, en 1540, par Jean de Humières et Françoise Lejosne de Contay, sa femme, à Jean de Longueval, chevalier, sieur de Vaulx, gouverneur des Ville et Cité d'Arras (6), et délaissé par lui à son fils, le vaillant Maximilien, premier comte de Bucquoy, l'hôtel de Contay, dit aussi de Longueval, prit le nom définitif d'hôtel de Bucquoy qu'il a porté depuis.

Pour achever de remplir le cadre topographique presque entièrement occupé par les deux manoirs, il nous suffit de mentionner deux maisons d'importance relativement secondaire, l'une à l'angle de la ruelle des Baudets, sur la rue

(1) Arch. comm. *Embr.*, 20 avril 1416.

(2) Ibid. *Embr.* 13 août 1419 et 7 oct. 1422.

(3) Ibid. *Embr.* 15 juin 1425.

(4) Le 4 avril 1438 « avant le cherge bénit » (1439) — Arch. comm. *Embrevures.*

(5) Le 2 mars 1438, v. st. (1439) — Ibid. *Reg. mém.* VIII.

(6) Le 14 juillet 1540. — Ibid. *Embr.* fᵒ 77 rᵒ et *Reg. mém.* XIII, fᵒ 305 rᵒ — Dans *Les Rues d'Arras*, t. II, p. 404, l'ancien hôtel de Contay est confondu avec celui que la famille Lejosne-Contay occupait récemment rue Fausse-Porte-St-Nicolas, nᵒˢ 4 et 6, lequel, par parenthèse, n'a jamais appartenu au vicomte d'Ogimont : il demeurait à côté, au nᵒ 8.

St-Nicolas, à l'enseigne de l'*Eglantier*, y compris ses dépendances du *Petit-Eglantier* et de la *Fleur de l'Eglantier*, l'autre dans la petite rue Ronville, tenant à Séchelles, nommée le *Dromont*, avec le *Petit-Dromont* (1) partiellement annexé à l'hôtel par Philippe de Saveuse, comme on l'a vu précédemment.

Si nous portons maintenant nos recherches sur le groupe de maisons faisant face à l'*Hôtel du Commerce*, nous trouvons qu'au XVII⁰ siècle l'établissement de la montée du rempart les avait réduites à quatre, aujourd'hui comprises sous les numéros 38-34 (2).

La première est la *Garde de Dieu*, enseigne du XVII⁰ siècle empruntée au formulaire du roulage, reconstruction de 1740.

On en a fait le *Dromont* ! C'était fatal : le siège de la sei-

____

(1) Le *Dromont*, qui donnait à cette rue son nom le plus usuel, nom moins équivoque que celui de Ronville déjà porté par la grande rue, dut avoir pour enseigne le voilier rapide ainsi nommé jadis :

> Car il vit son vaissel lès une roche aler,
> Onques li maronnier nel porent destourner,
> Là s'en va li *dromons* qu'il ne porent ancrer.
>
> (Bibl. d'Arras, Ms. 766, f⁰ 15 v⁰.)

Le *Petit-Dromont*, ce qui en restait, prit vers 1700 l'enseigne de la *Tête d'Or* qu'il porte encore aujourd'hui : c'est la première sur ce rang, n⁰ˢ 34-36. Le *Dromont* venait ensuite.

(2) A l'extrême limite du XVI⁰ siècle, il y avait encore sept maisons sur ce rang entre la porte Ronville et la ruelle du rempart. La première appartenait à Maurice le Sellier, d'une famille échevinale établie à Arras au commencement du XVI⁰ siècle, parvenue depuis à de brillantes situations, et dont les descendants occupent aujourd'hui un rang distingué parmi les grandes familles de Belgique.

gneurie passant de l'autre côté de la rue, son annexe devait suivre (1).

Mais c'est en vérité faire bien de l'honneur à cette masure, que de vouloir y loger le corps de MM. les officiers. L'aristocratie militaire d'alors était-elle donc si facile à accommoder ? Il aurait fait beau, ma foi, leur parler d'une auberge ! (2).

Semblable objection n'était pas à prévoir pour la propriété contiguë, dont le vaste emplacement se prêtait à toutes les installations, comme à toutes les hypothèses rétrospectives suggérées depuis par son importance actuelle.

Cet hôtel, d'après M. de Cardevacque, « était occupé en » 1697 par la dame Le Carlier, et comprenait alors huit » places, dont six à feu, au rez-de-chaussée, et neuf cham » bres à l'étage, dont sept à feu » (3).

Assurément, la description indique une maison de maître ; mais l'attribution en est erronée : elle se rapporte, non pas

______

(1) « Le *Dromont*, aujourd'hui auberge de *la Garde de Dieu* » A. de Cardevacque, *L'hôtel de Séchelles*, loc. cit., p. 340, note 2.

(2) « Les Etats d'Artois après avoir loué, pour y loger des officiers, « la partie du Dromont attenant à l'hôtel de Séchelles, en devinrent « acquéreurs vers 1718. » — *Note* (1) — « Les Etats d'Artois, au lieu « du prince d'Epinoy, pour la maison de Séchelles et pour une partie « de la maison du Dromont, *à présent en casernes pour des officiers*, « faisant deux coings de deux côtés, doit pour la partie du Dromont « II s. et pour la maison de Séchelle VIII sols tornois et II chapons « *Rentier de Saint-Vaast pour 1707.* » — A. de Cardevacque, *loc. cit.* p. 344 et 345, note 1.

Dans la citation qui précède, les mots en italiques se rapportent évidemment à l'hôtel, et non à la portion annexée du *Dromont*, dont le nom ne figure ici que pour justifier le détail de la perception.

On remarquera en outre que le signalement topographique de cette maison « *faisant deux coings* » suffisait pour indiquer son véritable emplacement et prévenir une fausse attribution. Ce signalement est répété à chaque article cité dans le mémoire (p. 344, note 1, 345, note 2).

(3) A. de Cardevacque, *loc. cit.*, p. 345.

à l'hôtel de M. Tailliandier, mais au numéro 32, le dernier du groupe, celui qui fait le coin de la ruelle.

M. Laroche, dans ses consciencieuses recherches généalogiques sur le P. Ignace le Carlier, n'a eu garde de s'y méprendre : l'habitation appartenait alors à cette famille (1).

Elle lui provenait d'Antoine de Crespiœul, avocat, grand-père de Mᵉ Antoine Carlier, conseiller au Conseil d'Artois, par achat des héritiers de Pierre Hapiot, greffier dudit Conseil, lequel la tenait de Gilles le Maire, etc. (2).

Avant de faire cette acquisition, Jean de Crespiœul possédait déjà la maison attenante à l'enseigne des *Cocquelets* (numéro 34). Il l'avait achetée en 1590 de Mᵉ Adrien de Belvalet. Elle devint après lui la propriété de Mᵉ Jean-Adrien Mulet, châtelain d'Arras, puis de l'avocat Caudron, qui se faisait appeler Caudron d'Ercourt, pour arriver à d'Ercourt seul en lâchant le Caudron. Ses héritiers le vendirent au marchand François de Gouve (3).

On devine que sur ce groupe de maisons, et malgré le silence des rentiers de St-Vaast qui n'y percevaient rien, les documents ne font pas absolument défaut.

Mais c'est en vain qu'on y cherche, entre la *Garde de Dieu* et les *Coquelets*, une trace quelconque de l'hôtel, siège prétendu de la seigneurie de Séchelles, auquel aurait succédé celui que nous voyons aujourd'hui.

Il n'y en avait pas l'ombre ; son emplacement était celui du jardin de l'hôtel en face, où, comme on l'a vu, le gouverneur d'Arras, Maximilien de Meleun, accédait par un pont volant jeté sur la rue. Pendant deux siècles, d'environ 1500 à 1700, aucune habitation bourgeoise n'occupa ce terrain.

Cependant un texte cité plus haut indique en cet endroit « un jardin amasé ». Mais le collecteur du centième s'em-

____

(1) P.-M. Laroche, *La famille Le Carlier et le P. Ignace*, 1876, in-8°, p. 23 et note.

(2) Arch. comm. *Embr.* et *Comptes de l'argentier.*

(3) Ibid.

presse de nous renseigner sur l'importance de cet amasement :
il y relève une aire de cheminée. Triste installation, surtout
en hiver, pour le chef-lieu d'une telle seigneurie ! C'était tout
bonnement la loge du jardinier, avec sa chambre à l'étage
donnant dans la tourelle : l'aire de cheminée y est toujours,
mais le siège de la seigneurie n'y a jamais été (1).

Dans le démembrement du fief, l'aliénation du jardin avait
précédé celle de l'hôtel d'Epinoy. Louis de Meleun le vendit
vers 1699 à Nicolas de Canoye (2), capitaine de cavalerie,
marié à N. Quarré.

C'est lui qui, cette année-là, fit construire ou du moins
commencer l'hôtel que nous y voyons aujourd'hui, devenu
par succession de sa veuve la propriété des Quarré de Chelers, vendu plus tard à Verdevoye (3), et par ce dernier à la
famille Goudemetz.

(1) Arch. départ. *Etats d'Artois.* Compte de l'impôt sur les cheminées, années 1590, 1591, 1592 : « Le jardin de Madame la marquise
de Roubaix, 1 aire ».

On peut rapprocher de cet article celui qui concerne le véritable
hôtel de Séchelles en face.

« Hⁱ. de Madame la marquise de Roubaix, à cause de deffunct
Monseigneur le vicomte de Gand, pour sa maison par elle occupée
ou y a *vingt* aires desdictes cheminées — VIII liv. ».

(2) C'est sous toutes réserves que je transcris ce nom douteux que
je ne peux vérifier. J'ai lu « du Caurois dans le *Répertoire* de Dom
Page, n° 1766.

D'autre part on voit dans le *Registre aux bâtiments* des Archives
communales, année 1698-1722, fᵒ 54, que, le 30 octobre 1699, Nicolas de Canoye (*alias* Lanoy), capitaine de cavalerie autorisé à bâtir
une maison sur un terrain à lui « rue St-Jean au devant de l'hôtel
d'Epinoy, demande un alignement droit, du Sʳ Caudron à la *Garde
de Dieu* ».

(3) M. A. de Cardevacque donne, p. 346 de son mémoire, l'analyse
de l'acte de partage du III prairial an XI qui attribue à la *Garde
de Dieu* certaines dépendances de l'immeuble voisin, notamment la
vieille porte cochère qu'on y remarque.

Après cette double aliénation, les héritiers des Meleun ne possédèrent plus en Ronville que leurs *droits de seigneurie.* Celle-ci échut en partage à la fille de Louis de Meleun, Anne-Julie, sœur du duc de Joyeuse, qui la porta dans la maison de Rohan par son mariage, en 1714, avec Louis-François-Jules, prince de Soubise.

Enfin, leur fils Charles de Rohan s'en dessaisit en 1770, au profit d'Ignace-Godefroy, comte de Lannoy et de Beaurepaire : le pouvoir de Ronville ne devait pas avoir d'autre titulaire.

A cette date, Saint-Vaast et les propriétaires de Séchelles n'avaient pas encore pu s'entendre sur la définition de leurs droits réciproques, ceux-ci se prétendant exempts de la juridiction foncière de l'abbaye, l'autre voulant, de son côté, réduire la seigneurie de Ronville à la perception des droits utiles (1).

Historiquement parlant, la priorité des droits fonciers et tréfonciers de Saint-Vaast ne paraît pas douteuse. Là, comme ailleurs, il possédait de toute antiquité le tonlieu, et ses *Registres aux grâces* prouveraient, si je ne me trompe, que le seigneur n'y percevait pas seul la bargaigne.

Mais Séchelles ne manquait pas non plus d'arguments juridiques. Outre ses rentes et ses droits divers, il avait un bailli, un sergent, une bretèque. Aussi comprend-on toute l'importance attachée par le prince d'Epinoy à l'acte de non préjudice qu'il réclama en 1652, lorsque cette bretèque fut démolie par les soldats. Un croquis tracé à la veille de la Révolution relève encore la place exacte du signe apparent de la juridiction seigneuriale.

Séchelles avait son donjon ; et la preuve de l'importance qu'on attacha jusqu'à la dernière heure à cet autre symbole féodal, c'est qu'en adjugeant en 1781 l'hôtel de Séchelles, ou plutôt le pavillon des officiers désaffecté, à Marie-Anne-Thé-

(1) V. *Coutumes locales de la loy de la Ville et Cité d'Arras,* 1748, p. 10.

rèse Gorlier, veuve de Nicolas-Joseph Isembart, pour la somme de 16,000 livres, l'acte lui imposait, outre la reconstruction de la façade dans l'alignement, l'obligation de « démolir les deux tourelles donnant sur les cours jusqu'à hauteur d'entablement », ce qui fut fait.

Il y avait enfin, si l'on veut, la fameuse tourelle de son jardin, bien qu'à vrai dire ce ne fût guère autre chose qu'un escalier de rempart surmonté d'une guérite, sorte de poterne destinée sans doute par le capitaine ou gouverneur d'Arras qui l'avait fait construire et dont elle porte le blason illisible (1), à lui faciliter l'accès du chemin de ronde et de la fausse-braie à toute heure du jour et de la nuit.

Confiée à un chef militaire, cette petite clef des murailles pouvait avoir son utilité ; dans d'autres mains elle devenait un danger. Les échevins s'en avisèrent à la veille des hostilités qui devaient amener la prise d'Arras.

« Le xiii° dudict mois (sept. 1634) at esté résolu de faire
» boucher les huich et fenestres de la tour du jardin abor-
» dant au rampart appartenant à Monsieur le prince d'Espi-
» noy, tant du costé dudict rampart que dudict jardin. » (2)

L'ordre fut exécuté, du moins en partie, et l'on voit encore, du côté du rempart, la place des anciennes ouvertures alors aveuglées.

C'est dans ces conditions favorables qu'elle servit de cabinet noir à Mondejeu pour y séquestrer sa pauvre femme, épisode dont le honteux souvenir est lié désormais à l'existence du monument.

Il n'est pas le seul qu'on y ait rattaché.

« C'est là », dit un historien, dont l'auteur du mémoire s'approprie l'assertion, en l'appuyant de nouveaux détails topo-

---

(1) Cet écartelé, absolument fruste au 1 et 4, porte au 2 et 3 des *croisettes tréflées* (en orle ?) qui rappellent les armes de Poix, peut-être unies à celles des Lannoy.

(2) Arch. comm. *Reg. aux résolutions*, I, 330 v°.

graphiques, « c'est là que St-Preuil, premier gouverneur
« d'Arras pour la France, renferma la meunière qu'il avait
« enlevée » (1).

La destination galante qu'aurait donnée le bouillant gouverneur d'Arras à cet escalier — de meunier, ne manque
pas ici d'à-propos : elle répond d'ailleurs à la nécessité des
contrastes, et elle ajoute un charme romanesque à l'intérêt
archéologique de la tourelle.

Il n'y a qu'un malheur, c'est que St-Preuil ne demeurait
pas à Séchelles : il occupait alors l'hôtel de Bucquoy (2).

(1) « La tourelle de l'ancien hôtel de Séchelles fut témoin des *mysté-*
« *rieuses amours* de Saint-Preuil, gouverneur d'Arras, et des mauvais
« traitements que l'un de ses successeurs, le comte de Mondejeux, fit
« subir à sa femme...... Les Gouverneurs d'Arras *occupaient alors un*
« *logement pratiqué dans l'ensemble des constructions de la porte*
« *Ronville.* Pour se rapprocher de sa maîtresse, Saint-Preuil l'enleva
« *et la retint à sa merci dans l'hôtel de Séchelles, dont les dépendances*
« *étaient à sa disposition.* »— A. de Cardevacque, *L'Hôtel de Séchelles*,
loc. cit., p. 351. — A. d'Héricourt et Godin, *Les Rues d'Arras*, II,
p. 381.

Le Maréchal de Montesquiou, ci-devant *comte d'Artagnan*, est le
premier gouverneur d'Arras qui ait eu son logement « dans l'ensemble
des constructions de la porte Ronville », c'est-à-dire au-dessus de
la porte, dans le pavillon du *Trianon*. Mais ceci nous reporte au
dix-huitième siècle, et nous ne sommes qu'en 1640 !

(2) L'extrait suivant du *Compte du centième échu le 1ᵉʳ avril 1640*
ne laisse aucun doute sur le domicile de Saint-Preuil : « Item, de la
maison qui fu au prince d'Espinoy, comprises deux maisons qui
furent à Mᵉ Morant Foucquier, n'at aussy esté receue aulcune chose
comme estante appartenante à Mad. la douairière vefve dudict feu
seigneur prince, et comme vefve de chevalier de la Toison d'or.

Remise : 17 liv. 8 s. 9 d. »

« Item, la maison de la vefve du conte de Busquoy, occupée par
Monsieur de Sainct Preuil, gouverneur de ceste ville, n'a esté receue
aulcune chose.

Ioy partant en remise : 23 liv., 10 s. 2 d. ».

(Arch. comm. *Centième*, f° 537).

Or personne n'imaginera, je pense, qu'il voulût scandaliser la vieille douairière d'Epinoy, sa voisine, en lui demandant la clef de son jardin d'en face, pour s'y livrer à ses mystérieuses amours » : sa propre installation devait lui s.   e (1).

J'ignore si le moderne propriétaire de l'ancien jardin de Séchelles attache quelque prix aux antécédents historiques gratuitement prêtés à son immeuble.

Ce que je sais, c'est que, de tous ses concitoyens, il est seul parvenu à sauver d'une aveugle dévastation un dernier débris architectural du vieux mur d'enceinte — et il n'a pas dépendu de son généreux concours qu'on n'en ait racheté d'autres.

Il y aurait donc conscience archéologique à refroidir, en le désillusionnant, un bon vouloir si précieux et si rare, n'était l'intérêt de la vérité, qui prime tout, et la certitude qu'elle lui ménage un dédommagement réel pour un préjudice imaginaire.

Si, en effet, l'honorable M. Tailliandier ne tient pas absolument à ce que sa maison repose sur les fondations de l'*Hôtel du Commerce,* on peut retrouver dans le sol même où elle est assise les traces authentiques d'un passé lointain, fécond en souvenirs littéraires et en noms chevaleresques.

Sur l'emplacement de ce jardin deux fois séculaire s'élevait jadis un manoir possédé au milieu du XIIIe siècle par Thomas le Normant, d'une riche famille de la bourgeoisie d'Arras, sans doute fils et peut-être le successeur domici-

(1) Là non plus les tourelles ne manquaient pas. Le plan de Guichardin figure celle de la porte principale sur la rue St-Nicolas (Trois-Faucilles). M. le Gentil, *Le Vieil Arras*, p. 466, en signale d'autres dont on aurait retrouvé les fondations. Mais peut-être pensera-t-on que cet accessoire n'est pas absolument indispensable à la vraisemblance du récit.

liaire d'un autre Thomas le Normant décédé en 1247, sa femme l'année suivante.

Nos listes échevinales, si clair-semées pour ces temps-là, ne l'inscrivent qu'à partir de 1261 (1). Son nom paraît alterner, d'après le mode habituel du roulement triennal, avec celui de Robert le Normant (2), vraisemblablement son frère (3), dont il devient l'exécuteur testamentaire en 1274 (4).

Les deux fils de Robert s'étaient montrés accueillants et généreux pour leur jeune compatriote Adam de la Halle : le poète chansonnier ne les oublia pas dans ses adieux :

Bien doi avoir en remembranche
Deus frères en cui j'ai fianche,
Signeur Baude et signeur Robert
Le Normant, car il m'ont d'enfanche
Nourri et fait mainte honnestanche.
Leur huis m'ont esté bien ouvert .. (5).

Cette demeure hospitalière, qui ouvrait si volontiers son « huis » au poète à l'heure du dîner, c'était l'héritage paternel, à deux pas sur le même rang, en face de la placette au-devant de St-Jean (no 28).

De chez lui, comme d'une première loge, car aucune construction de ce côté ne masquait alors l'église, Robert le

---

(1) Arch. de l'Hôp. St-Jean. Chirogr. orig.

(2) Thomas le Normant, échevin en 1261, 1262, 1267, 1270. Robert le Normant, échevin en 1265, 1266, 1272. — Un autre Robert le Normant, surnommé Bechons, échevin en 1282, 1292, 1304. Noter Adam le Normant, un des quatre argentiers de l'échevinage nommés par le roi en 1280. — Un Jean le Normant faisait partie de l'échevinage en 1346, 1369, 1372. — Arch. dép., comm. et hospitalières ; *passim*.

(3) Si la parenté est certaine, le rapport généalogique ne peut être que conjectural, fondé seulement sur des vraisemblances.

(4) Inventaire Godefroy. *Ch. d'Artois*, p. 435.

(5) Barbazan et Méon, *Fabliaux*, t. I, p. 109.

Normant avait pu voir, dans sa jeunesse, les moines de St-Vaast assaillir à main armée le reposoir dressé par les chanoines sur le parvis, et ceux-ci, restés maîtres du terrain, montant la garde autour de leurs reliques sous « la tente des tisserands d'Arras » (1).

L'enseigne de la maison était l'*Image St-Jean ;* son nom, cent ans plus tard, *St-Jean à le goudale:* c'était une brasserie. Elle avait à sa droite les *Maillets d'or* aux Trinitaires, coin de la ruelle du rempart (n° 30), (2) à sa gauche le *Pavillon,*

(1) « *Tentorium textorum Atrebatensium* ». Voir à ce sujet le *Bulletin de la Comm. des Mon. hist. du P.-de-C.* t. I, p. 307.

(2) Jean de Saumer, Pierre Carrée, brasseurs de cervoise, et leurs descendants occupèrent pendant presque tout le quinzième siècle la brasserie ou *Cambe St-Jean.* On voit, en 1456, la propriété passer au nom de Hue de Dompierre, receveur du domaine d'Artois : Marie, sa fille naturelle, avait épousé, en 1450, Pierre Saumer, le brasseur. Elle se qualifiait, quarante ans plus tard, Madame Marie de Dompierre, dame de Maumez et d'Auviller, fille de Hue de Dompierre, écuyer, sgr de Liéramont.

François de Cardevacque, écuyer, sgr de St-Amand, fils de Ferdinand de Cardevacque et petit-fils de l'avocat Charles anobli en 1596, acheta, avant 1626, des héritiers de Louis Comet (qui l'avait lui-même acquis des héritiers de Robert Regnault) la maison de *St-Jean,* tenant alors à celle d'Antoine Vignon, et faisant coin d'une ruelle, supprimée depuis, dont l'église des Carmes faisait l'autre coin.

A sa mort, la maison, vendue par décret, fut achetée par Louis Mullet, écuyer, fils du Conseiller d'Artois Mullet.

Au dix-huitième siècle (1765), elle appartenait, de succession paternelle, à Messire François-Joseph-Romain, baron de Diesback, mari de Jane-Marie-Dominique-Thérèse de Muller.

Les *Maillets d'or* (armes des de Mailly) arrentement tenu au XVe s. par Gilles de Mailly, chevalier, sgr d'Autheville. Ses héritiers le vendirent en fév. 1429 n. st. à Jean de Diévat, receveur général d'Artois, qui déjà en possédait deux cinquièmes, sans doute par sa femme.

Vendue par les Trinitaires en 1571, cette maison devint la propriété

vendu plus tard aux Carmes par les Tasquet, aujourd'hui compris dans le couvent des Ursulines (n° 26) (1).

L'hôte assidu des enfants de Robert dut être plus d'une fois celui de Thomas, dans sa maison de la porte Ronville (n° 36), où il avait pour voisin de face, et pour compagnon d'échevinage, Jean Fastoul, alors propriétaire du futur hôtel d'Epinoy — autre famille d'Arras qu'une œuvre poétique contemporaine rattache étroitement au souvenir ⸱ e notre trouvère artésien (2).

Adam connaissait aussi tous les sentiers de Blangi et du manoir de Bellemotte, résidence de son ami Simon Esturion, vendue par lui à son autre ami Baude le Normant (3), un de ces castels féodaux qui inspiraient aux trouvères de poétiques tirades sur la mort égalitaire et la vanité du monde, quand elle frappait à leurs portes :

C'est cose véritable,
Et bien!i a raison,
Li mors est soutillable,
Lues vient en traïson :
Wailli et Mahiu Wion,
Cui face Diex pardon,
Car il sont tesmoignable
Que tous li mons est fable ;
Et Adans Esturions,
Belle mote et doignons
Li est moult peu aidable
En joie perma..able.

d'Antoine Vignon, fils d'Adrien Vignon, l'un et l'autre successivement baillis de la seigneurie de Séchelles, comme on l'a vu plus haut.

Voir le plan de Beffara, n°⁵ 630, 631, 632.

(1) Le 7 octobre 1477.

(2) *Che sont li congié Baude Fastoul d'Arras.* Barbazan et Méon, *Fabliaux*, t. ɪ, p. 111.

(3) Il fut receveur du comte d'Artois de 1207 à 1300. Nous avons de lui un portrait fort curieux sur son sceau, où il s'est fait repié-

Adam Esturion, père de Simon, mourut en 1257 (1).

Si j'ai insisté avec quelque complaisance sur les premiers propriétaires connus des deux hôtels qui font l'objet de cette notice, c'est que la rareté du document lui donne un intérêt exceptionnel : il est le seul qu'on rencontre dans la première période ; une lacune de quelque cent ans le sépare de celui qui va suivre.

La seconde moitié du quatorzième siècle vit succéder à Thomas le Normant un certain sire Gilles d'Avesnes, personnage non identifié jusqu'ici.

Après lui, et avant 1382, la maison passa à un gentilhomme picard, le vicomte des Quesnes, autrement dit vicomte de Poix, seigneur des Quesnes (2), elle prit dès lors pour enseigne le nom du propriétaire, *Les Quesnes*.

Pierre dit Ferrant, chevalier, vicomte de Poix, seigneur des Quesnes, et par sa mère, seigneur d'Achicourt, Farbus, Vimy, Liancourt, était fils de Robert, dit Flourent vicomte de Poix, seigneur des Quesnes, et de Jeanne d'Araines, dame d'Achicourt, Farbus, Vimy, Liancourt, fille de Jean d'Araines, seigneur desdits lieux.

Ferrant des Quesnes avait épousé Marguerite de Mailly, septième enfant de Jean de Mailly, dit Maillet, seigneur de Lorsignol.

Il mourut avant 1404, et sa veuve, qui convola cette année-là avec Renaut de Quincampoix, fut soupçonnée, paraît-il, d'avoir tué son mari (3).

---

senter assis auprès d'une dame sur un siège d'apparat surmonté d'un dais de hucherie, dans l'attitude d'une conversation très galante. J'ai publié ce petit chef-d'œuvre de gravure dessiné par notre regretté Ch. Desavary, lithographié par Mercier. — *Sigill. d'Arras* n° 106, Pl. IX, 7. — M. Demay l'a reproduit par la phototypie, *Sceaux d'Artois*, n° 1897.

(1) Bib. nat. n. f. Fr. 184.

(2) *Equennes*, canton de Poix (Somme). *Es Quesnes* ou *Es Kaisnes*, ensuite *Esquesnes*, est devenu *Esquennes* et finalement *Equennes*.

(3) P. Anselme, *Hist. gén.*, t VIII, Maison de Mailly, p. 625.

Eléonore des Quesnes, sa fille, veuve de Jean, seigneur de Montigny-en-Ostrevent, épousa en secondes *noces* Gilbert de Lannoy, deuxième du nom, seigneur de Willerval et de Tronchines, conseiller et chambellan de Philippe le Bon (1).

Par elle l'hôtel des *Quesnes* entra dans la famille des seigneurs de Lannoy.

Philippe de Lannoy, seigneur de Willerval et de Santes, fils de Gilbert, le recueillit dans la succession paternelle en 1462 ; il le possédait toujours en 1491.

On me dispensera d'insister sur les titres de cette grande et illustre maison ; il suffit de rappeler qu'elle a produit un grand-maître des arbalétriers de France, des hommes d'Etat remarquables, des généraux éminents, seize chevaliers de la Toison d'or, etc., etc.

Moins de vingt ans après la date ci-dessus, un document constate que l'hôtel n'existait plus :

Domus quondam domini de Willerval, *nuncupata* Les Quesnes, *nunc est totaliter destructa* (1509) (2).

Dans quelles circonstances et par quelles causes cette destruction fut-elle accomplie ? On l'ignore. Mais le prince de Soubise devait le savoir, lorsqu'il vendit en 1770 ce qui lui restait du pouvoir de Séchelles. L'acte en effet réserve ses droits sur la maison de Quarré de Chelers, anciennement

---

(1) Dans les chroniques du temps, on rencontre fréquemment un personnage nommé Karados des Quesnes, seigneur de Serevillers et de Boulogne la Grasse, bailli de Macon *et* sénéchal de Lyon, puis bailli de Rouen (1409) (Bib. nat., *Titres orig.*, vol. 1603).

Noter que le vicomte de Poix fut institué gouverneur d'Arras de par le roi après le siège de 1414 (Monstrelet, *Chron.*, III, 32).

« Lienor des Quenes (*sic*), dame dudit lieu et de Montigny en Ostrevant, de Hachicourt et vicontesse de Poix » donna aux Trinitaires d'Arras, par acte du 15 mai 1416, la chapelle d'Achicourt qui lui appartenait.

Elle fit son testament en 1426.

(2) Compte du Chapitre d'Arras.

tenue de Séchelles, mais qu'il prétendait être actuellement dans la mouvance de Saulty, comme ayant été réunie et reconsolidée au gros et domaine de la seigneurie.

Cette reconsolidation coïncide sans doute avec la disparition de l'hôtel, tombé en ruines ou détruit par un incendie, et remplacé par un jardin.

Nous avons vu qu'il ne fut reconstruit que deux siècles plus tard, en 1700 (1).

(1) Voici comment je m'explique la méprise des *Rues d'Arras*, où l'on trouve, pour la première fois, la qualification de « siège présidial du fief de Séchelles » attribué à l'hôtel Goudemetz-Tailliandier.

L'auteur du croquis topographique de 1781, dont j'ai parlé plus haut, trouvant dans le jardin en face de l'hôtel d'Epinoy un espace libre, en a profité pour y inscrire les rubriques de son plan en trois lignes superposées : *Jardin des princes d'Epinoy — et Chef-lieu de la seigneurie de Séchelles — et Place de justice.*

Ces trois indications désignent trois objets différents : 1º Le jardin, 2º l'hôtel en face « *chef-lieu de la seigneurie* », 3º la bretêque « *place de Justice* : on a tout rapporté au jardin, sans vérifier l'interprétation par les titres.

I

*Lettres de rémission accordées par Louis XI
au capitaine Karquelavant.*
(1479)

Loys, par la grâce de Dieu Roy de France, savoir faisons à
tous présens et avenir nous avoir receue humble supplicacion
de Jehan de Karquelavent, escuier, capitaine de cent lances
de nostre ordonnance, contenans comme, le mercredi XVIᵉ jour
du moys de juing derrenier passé, pour ce que ledict suppliant fut averti que ung nommé Montferrand, archier en se
dite compaignie, avoit baillé ung coup de vouge sur la teste
d'un autre archier de la compaignie du sieur du Lude, gouverneur du Daulphiné, et que, au moien dudit coup, il estoit en
dangier de sa personne, icelui suppliant fist le lendemain
prendre et constituer prisonnier ledit de Montferrand en nostre
Cité d'Arras, afin qu'il fust puny. Et illec seurvindrent Loys
de Signac, Mathelin Poullet, Nicolas Delastre, ung nommé
Mordant et aucuns archiers de la compaignie dudit suppliant,
lesquelz soupèrent ensemble avec ledit Montferrant prisonnier
esdites prisons ; et après qu'ilz eurent souppé, yssirent les
dessus nommez hors desdites prisons, excepté lesdits Loys de
Signac et Mathelin Poullet qui y demourèrent avec ledit Montferrand. Et une heure après ou environ, lesdits Signac et Poullet
dirent à iceluy Montferrand prisonnier qu'il convenoit qu'il
s'en alast coucher en son logis et qu'ilz banqueteroient ensemble,
ce qu'il ne voult faire, disant que le geolier desdites prisons le
traictoit bien et qu'il ne se vouloit point metre en dangier ne
briser les prisons ; mais néantmoins ledit Mathelin despoilla sa
robe et la bailla et fist vestir audit Montferrand, et après luy
et ledit Signac, oultre le gré et voulenté dudit geolier, en
brisant lesdites prisons, et jurant iceluy Signac la mort
de Nostre Seigneur, emmenèrent ledit de Montferrand prisonnier en disant plusieurs injures à la femme dudit geolier.

Et le lendemain au matin, qui fut le vendredi enssuivant, ledit
geolier se transporta par devers Patrix Maquelalain, lieutenant
dudit suppliant en ladite compaignie, et luy dist et remonstra
l'infraction desdites prisons que avoient faite les dessus dits.
Lequel Patrix incontinent s'en ala pardevers ledit suppliant
son capitaine pour le lui dire et notifier. Et alors ledit suppliant,
qui ja estoit monté à cheval et tout armé pour courir aux
champs avec le seigneur de Maigne, contre aucuns noz adver-
saires qui s'efforcoient faire certaines courses et entreprises,
fut fort esmeu et eschauffé, et d'aventure rencontra ledit
Signac, auquel il demanda pourquoy il avoit enmené et fait
yssir hors ledit Montferrand desdites prisons, et tira son espée
dont il frapa sur ledit Signac archier et luy donna ung coup
entre autres sur le cousté, combien qu'il n'eust aucun courage
de le tuer, mais seulement le batre et fraper pour ce qu'il avoit
fait briser lesdites prisons et eschapper ledit Montferrand
prisonnier ; au moien duquel coup il est depuis alé de vie à
trespas. Le quel fait et cas dessusdit ledit suppliant doubte lui
estre imputé à charge pour le temps avenir et que on vaulsist
contre lui procéder par rigueur de justice et lui donner des-
tourbier et empeschement, en son corps ou en ses biens, se noz
grace et miséricorde ne lui estoient sur ce imparties, humble-
ment requérant icelles. Pourquoy etc. voulans miséricorde
préférer à rigueur de justice, audit suppliant etc. Si donnons
en mandement au bailli d'Amiens et à nostre prévost des ma-
reschaulx et à tous noz autres justiciers ou à leurs lieuxtenans
présens et avenir et à chascun d'eulx sur ce requis et comme à
luy appartiendra etc. Donné à Rameru, ou moys de juillet, l'an
de grace mil CCCC LXXIX, et de nostre règne le XVIIIe.
Ainsi signé, par le Roy à la relacion du conseil : F. Texier.
Visa Contentor, F. Texier.

II

Dénombrement des fief et seigneurie de Séchelles.
(1572)

C'est le rapport et dénombrement que pous Robert de Meleun, seigneur de Richebourg, Quincy, Fret-Hubert, etc., légataire universel de feu Messire Maximilien de Meleun, chevalier, viconte de Gand, baron de Caumont, Sr de Busquoy, Habarcq etc. faisons et baillons à Mons. Charles de Meleun mon frère, prince d'Espinoy, baron d'Anthoin et de Bouberch, connestable héréditaire de Flandres, chastellain de Bappaumes, sieur de Saulty, dung fief et noble ténement que nous tenons dudict sieur prince, à le cause de se terre et seigneurie de Saulty, à soixante solz parisis de relief et le tierch cambellaige, à la vante, don ou transport le quind denier, avecq service de plais, lequel fief est nommé la signeurie de Séchelles, séant en la ville d'Arras, qui se consiste en tout le corps de logis du devant de la maison de Séchelles en ladicte ville d'Arras, en la rue de Saint-Jehan en Ronville, asscavoir : l'huis et porget de devant, la grande salle, la sallette quarrée enssuyvant, le tout sur rue, avecq une petite sallette y joindant ayant une verrière et veue sur la maison des vesve et hoirs de Pierre le Febvre, avecq ung pourpris quy estoit par ci-devant à usage de four que l'on disoit le four de Saveuses, quy ad présent est applicqué à une despence et cuisine, avecq une chambre contiguë la dicte cuisine, le tout applicqué présentement et accommodé avecq ladicte maison de Séchelles, estant aussy le tout sur rue en la procession de l'église Sainct-Jehan, assés près de l'entrée de ladicte maison de Séchelles ; se consiste encoires ès chambres en hault et greniers des pourpris dessus dicts. Laquelle seigneurie et pooir dudict Séchelles se commence à ung puch estant au dessoubz des nouvelles estables et ouvraiges naguères battis par Mons. de Vaulx gouverneur d'Arras, (icelluy puch est ad présent vaulsé par les ouvraiges dudict Sr de Vaulx), estant en

la rue par laquelle on va de la porte de Ronville en la grande
rue de Saint-Nicollas, en venant dudict puch toute la rue du
cotté dudict puch jusques à ladicte porte de Ronville, et, depuis
icelle porte, toute la grande rue de Ronville, tant à ung rang
comme à l'autre, jusques à la maison qui faict le coing de la
rue de Héronval audevant de la maison de Masinghues appartenant au Sr de Beauregard ; et depuis ledict coing, prendt de
ladicte rue de Héronval, du lez et costé du lieu où estoit cy
devant le jardin des arbalestriers de ladicte ville d'Arras,
jusques aux rempars d'icelle ville, en y comprenant toutes les
ruelles estans entre icelle rue de Héronval et la porte de Ronville. Sy se commenche et comprendt encoire en une rue qui
commenche au lieu où estoit ledict four de Saveuses nous
appartenant, jusques à la ruelle de la procession de l'église
Sainct Jehan en Ronville, en y comprendant ladicte rue desdictes processions et la rue quy est au derrière de l'hostel de
La Marche nommée la rue des Fresnes, jusques à ung puich
estaht auprès de la porte de la maison appartenant à
Me Charles Cardevacque, advocat, qui auparavant estoit à
Jehan Sr du Bos Bernard, et au précédent estoit à Jehan Sr du
Grospré. Sy se comprend encoires ledict fief, en dehors de
ladicte porte de Ronville, depuis icelle porte, toute la rue de
Sainct Vincent jusques aux barrettes, en y comprendant la rue
de Croix et la rue Bocquois, où le batton du chastellain d'Arras
n'a cours. — A cause duquel nostre dict fief et seigneurie de
Séchelles nous avons plusieurs rentes fonsieres su plusieurs
maisons et héritaiges en ladicte ville et faulxbourgs dessus
dicts, portans chascun an à LIX livres de quarante gros la
livre, et quarante nœuf cappons et demy, qui se payent audict
jour Saint Remy et Noël. — A cause de laquelle seigneurie,
avons ung sergeant quy en cas de crime et délit a la prinse, arrest
et exécution, et aussy l'emprysonnement, quant aulcuns sont
enseingnés par les eschevins de ladicte ville et chastellenye
d'Arras ; lequel sergeant nous créons et dénommons, ou moien
nostre bailly dudict Séchelle ; et se présente aux eschevins

d'Arras pour faire le serment de bien et léalement exercer ledict office. — Avons pareillement par toute nostre dicte seigneurie et pooir de Séchelles, tant en la ville d'Arras comme au dehors d'icelle, es lieux de ses dictes limites, droict de bargaingne que est tel que nul ne pœult faire boucquetz de cheliers, thois, appuis, fenestres, treilles, ny aultres choses saillant sur rue, que ne prende nostre grâce et congié ou de nostre dict bailly. — Et pour chascune grâce ou congié nous povons prendre huit solz tournois. — Sy avons droict d'estallaige en nostre dict pooir et seigneurie de Séchelles, dont pour chacun estal avons droit pour toutes denrées et marchandises que l'on venderoit, pour chascun d'iceulx, de chascune septmaine ung denier tournois, le tout à peine contre ceulx qui feroient desdictes nouvelletés ou misent aulcuns estaulx sans pour ce avoir obtenu nostre dict congié ou de nostre dict bailly, de soixante solz parisis. — Avons encoire, à cause de nostre dicte seigneurie, droit d'entrée et yssue sur les maisons et héritages quy nous doibvent rente, quant iceulx vont de main en aultre par succession, don, vente ou transport, tel que de seize deniers parisis d'yssue et seize deniers parisis d'entrée par les vendeurs et acheteurs. Mais au regard des rentes fonsières cy-dessus, auparavant que l'on eust desmolly plusieurs maisons esdicts faulxbourgs de Ronville, et ralargy les fossés dudict Ronville, et mis le lieu où estoient lesdictes maisons desmollis en plasne, et faict égars pour le seureté, tuition et deffense de ledicte ville, icelles menues rentes fonsières deppendantes de mondict fief portoient chascun an à la somme de vingt livres dix sept pattars, et six vingt nœuf chappons. — Lequel dénombrement nous baillons, saulf le plus ou le moins et le droit d'aultruy et le nostre, promettant l'amender s'il est besoing, et s'il est trouvé que se doive faire. Faict au chasteau de Cuinchy.

(Arch. du Nord. — Portefeuille 341).

www.ingramcontent.com/pod-product-compliance
Ingram Content Group UK Ltd.
Pitfield, Milton Keynes, MK11 3LW, UK
UKHW021501090726
13657UKWH00003B/1461